改訂

脳から
わかる
発達障害

多様な脳・多様な発達・多様な学び

鳥居深雪

中央法規

はじめに

　拙著『脳からわかる発達障害』を出版してから、まもなく10年になろうとしています。おかげさまで、初版は多くの方に読んでいただくことができました。発達障害の子どもたちにかかわる専門家だけでなく、ご家族や一般の方にも「わかりやすい」とおっしゃっていただけたことが、何よりの励みになりました。多くの皆さんが支持してくださったおかげで、第2版を執筆することになりました。心から感謝いたします。

　発達障害に関しては、医学、生物学、心理学、教育学、福祉等々、多領域にまたがる学際的な研究が取り組まれています。この間の研究の発展はめざましく、新たな発見と新しい支援方法、診断基準の変更、ICT技術の進歩に伴う新たな可能性等々、多くの変化がありました。最近では「Neurodiversity（脳の多様性）」という考え方が登場し、「脳の多様性、発達多様性、学びの多様性」と「多様性」がキーワードになってきています。

　法制度も変わりました。学齢期だけに限らず、乳幼児期からの早期支援や学校教育修了後の就労支援についても多くの支援機関や制度ができ、10年前と比べると、発達障害のある子どもたちを取り巻く環境は改善されてきています。

　一方では、一向に減少を見せない「不登校」や大人の引きこもりなど、

発達障害が関連しているのではないか、と思われる課題はまだ残っています。その背景には「助けを求められない」人たちがいます。「発達障害」という言葉は多くの人に知られるようになりましたが、人々の心の中にある発達障害に対するスティグマ（負の烙印）は、いろいろな形で発達障害のある人やご家族を苦しめています。

　ICT（情報伝達技術）やAI（人工知能）の進歩による次世代Society 5.0は、サイバー空間と現実空間を高度に融合させた「人間中心の社会」を目指しています。しかし、人の心の問題は技術では解決できません。科学技術の時代だからこそ、人の心が重要であるように思います。

　初版から現在までに、さまざまな研究が、より専門的、より学際的に進歩して、多くの情報の更新が必要でした。「わかりやすい」と評価していただいた初版の良さを維持しつつ、できるだけ最新の専門的な内容を盛り込めるよう、心を砕きました。少しでもお役に立てていただければ幸いです。

2020（令和2）年5月

著者

初版 はじめに

　私は、長い間、発達障害の子どもたちの育ちを支えることを仕事にしてきました。LD（学習障害）、ADHD（注意欠陥多動性障害）、高機能広汎性発達障害といった発達障害の子どもたちは、大きな知的障害がないにもかかわらず、日常生活の中でさまざまな困難さを抱えています。

　彼らは、一見何の障害もない子どもに見えます。ある面では「普通（あるいは普通以上）」にできるので、彼らが困難さを抱えているということが周囲にわかりにくいのです。

　簡単そうなことが、なかなかできずに苦労している子どもたちと関わるようになって、「なぜ発達障害の子どもはできないのか」を考えるようになりました。それは、裏返せば「なぜ発達障害でない人はできるのか」を考えることでもあります。

　私たちが普段何気なくやっていることは、実はとても複雑で高度な脳の働き（高次脳機能）によって支えられています。大脳生理学や認知神経心理学といった脳科学の進歩は、高次脳機能についても多くのことを明らかにしてきました。

　同時に「なぜ発達障害の子どもはできないのか」についても多くのことが解明されてきています。しかし、それらはまだ一部の専門家が理解しているに過ぎません。一番、情報を必要としているのは、発達障害の子ども本人と子どもたちに関わる保護者や教育者の方々でしょう。専門的な知識を、それを必要としている方たちに、できるだけわかりやすく届けたいと考え、この本にまとめました。

　現段階で解明されている知見を、正確に伝えることを心がけましたが、わかりやすい表現にするために、詳細を省略した部分もあります。専門用語を使う方が伝わりやすいと思える所は、解説を加えた上で専門用語を使うようにしています。

　この本が、発達障害に関する専門的な知識を必要としている方々の一助になれば幸いです。

2009（平成21）年9月
著者

目次

Column

第1章

「発達障害」って何だろう?

本章では、「発達障害」のとらえ方について考えてみましょう。

そもそも「発達障害」とは何でしょう？　発達「障害」ですから何らかの「障害」を抱えているというのはわかると思いますが、では「障害」とは？　何かが「できない」状態？

では、次のうち「障害」は?

1. 車椅子を使用している15歳の男性
2. 車椅子を使用している70歳の女性
3. 骨折して松葉づえをついている高校生
4. 眼鏡をはずすとほとんど見えない大学生
5. 風邪をひいて全く声が出なくなった大学生
6. 人工呼吸器をつけている教授
7. パーキンソン病で歩行が困難になってしまった成人
8. 落ち着きなく動き回る4歳男児
9. 落ち着きなく動き回る大学生
10. 心は男性だが、体は女性の成人

「障害者基本法」における「障害者」の定義

・身体障害、知的障害又は精神障害（以下「障害」と総称する）があるため
・継続的に
・日常生活又は社会生活に相当な制限を受ける者
・政令で定めるもの

したがって1 〜 10の判断は次のとおりです。

1.　車椅子を使用している15歳の男性……………………………………身体障害
2.　車椅子を使用している70歳の女性………………（加齢による）身体障害
3.　骨折して松葉づえをついている高校生 ………………………【一時的状態】
4.　眼鏡をはずすとほとんど見えない大学生 ……………………【眼鏡で解決可】
5.　風邪をひいて全く声が出なくなった大学生 …………………【一時的状態】
6.　人工呼吸器をつけている教授……（呼吸器を外せない状態なら）身体障害
7.　パーキンソン病で歩行が困難になってしまった成人 ………………身体障害
8.　落ち着きなく動き回る4歳男児 ………………………………【発達上自然】
9.　落ち着きなく動き回る大学生 ………………………………ケースバイケース
10.　心は男性だが、体は女性の成人 ……性の多様性なので「障害」とは異なる

あらためて「発達障害」とは?

「発達障害者支援法」では「発達障害」を次のように定義しています。
・自閉症、アスペルガー症候群その他の広汎性発達障害、学習障害、注意欠陥
　多動性障害その他これに類する脳機能の障害であって
・その症状が通常低年齢において発現するもの

では、具体的な子どもの姿から「発達障害」について考えてみましょう。

1 さまざまなつまずきをもつ子どもたち

1.1 ┃ 一人を好むはかせくん

　はかせくんは、幼稚園の年長組。外で友だちと走り回るよりは、静かに本を読むことが好きな男の子です。広い園庭での遊びは苦手で、友だちから離れて花壇のそばにいることが多いようです。はかせくんは、小さい頃からおとなしく手がかからない子で、人見知りをすることもなく穏やかに育ちました。小さい頃はブロック遊びが好きで、床のフローリングの線に沿ってきれいに並べて遊んでいました。植物図鑑が大好きで、「これは裸子植物」「単子葉類の○○は……」などと、大人も顔負けの知識をもっています。おじいちゃん、おばあちゃんは「賢い孫」が自慢でした。

　ところが、小学校入学が近づいて、お母さんはいくつか気になることが出てきました。植物図鑑はよく覚えているはかせくんですが、じゃんけんの仕方がわからないのです。また、丁寧な言葉づかいなので、大人には評判がよいのですが、子ども同士の遊びを楽しむ姿が見られません。

　「小学校に入ってお友だちとうまくやれるかしら」お母さんは心配しています。

1.2 ┃ 活発なげんきくん

　げんきくんは小学1年生。元気いっぱいの男の子で、保育所時代は、毎日いろいろな遊びを考えついては、すぐ実行に移すアイデアマンとして評判でした。

　ところが、小学校に入学してから、うまくいかないことが目立ち始めました。おもしろそうなことを考えつくと、授業中でもすぐにやり始めてしまいます。また、嫌いな計算の勉強になると、授業中でも席を立って教室を出てしまうのです。担任の先生が注意すると、げんきくんはカッとなって暴れてしまいます。

　先生からそんな様子を聞いたお母さんは、とても驚きました。だって、保育所の頃はそんな問題はなかったのです。「担任の先生に、はずれたのか

しら」お母さんは、げんきくんが小学校に入ってからうまくいかなくなったのは、担任に問題があるに違いないと思いました。

先生からは、毎日のように電話がかかってきます。

「Aくんをたたきました」

「Bちゃんの筆箱を壊しました」

「学校の標本を壊してしまいました」

お母さんは電話に出るのが怖くなって、電話線を抜いてしまいました。早く担任の先生が替わってほしいと、一日一日を指折り数えて過ごしました。

ようやく2年生になって、担任の先生が替わりました。ところが、げんきくんは落ち着くどころか、かえってトラブルが増えてしまいました。「担任のせいではなかったのかもしれない」お母さんは、途方に暮れています。

1.3 | 不登校が長期化しているのんちゃん

のんちゃんは中学2年生。小学2年生の頃からずっと学校には行っていません。保育所時代は、のんびりした子どもでしたが、特に大きな問題はなく過ごしました。

ところが、小学校に入学してから、うまくやれないことが目立ち始めました。のんちゃんは、自分の持ち物の片づけができず、机の周りはいつも散らかっています。筆箱も教科書も、どこにあるか探せないのです。勉強も大変でした。ひらがながなかなか覚えられません。ノートは、字をきちんと書けないので、何が何だかわからない汚なさです。算数では、数字をそろえて書くことができないので、繰り上がりがわからなくなってしまいます。体育では、身体の動きがぎこちないので、みんなから遅れてしまいます。

でも、先生の言うことはちゃんと理解できるし、自分の考えを話すこともできます。担任の先生は、「決して頭が悪い子ではない。できるくせにやらない。家庭のしつけが悪い。本人のやる気がない」と、とても厳しく指導しました。

小学校に上がるまでは、友だちと遊ぶのが大好きで、楽しく過ごせていたのんちゃんでしたが、毎日、先生から厳しく叱られるので、だんだん表情が沈んできました。友だちからも、ばかにされるようになりました。2年生になって担任の先生が替わりましたが、のんちゃんの生活は相変わらずで、やっぱり先生からは叱られっぱなしです。とうとう、朝になるとおなかが痛くなって学校に行けなくなってしまいました。それから中学2年生の現在ま

で、不登校の状態が続いています。

1.4 やりとげられないゆめちゃん

　小学6年生のゆめちゃんは、夢見がちな少女です。授業中、何となくぼんやりしていることが多いので、先生に指名されても答えることができません。質問を聞いていないのです。聞いているときでも、言われたことをすぐに忘れてしまいます。先生が「今から配るプリントをやってください。プリントが終わったら、計算ドリルを出して15番から18番までやりましょう。ドリルの答え合わせは自分でしてください。それが終わった人は、図書室で本を借りてきて読んでね」と一度にたくさんの指示を出したら、さあ大変です。ゆめちゃんは何がなんだかわからず、プリントもドリルもやらないで図書室に行ってしまい、先生に叱られました。総合学習や図工では、何をどうやればよいのか、さっぱり見当がつきません。机の上は、いつも紙くずや文房具でぐちゃぐちゃです。

　係の仕事を頼まれても、何をやっていたのか途中でわからなくなってしまうので、何時間経っても終わりません。友だちと遊んでいても、自分の順番がわからなくなってしまうことがしょっちゅうなので、あきれられてしまいます。女の子の集団は、お互いに対して厳しいので、ゆめちゃんは友だちから相手にされなくなってきました。

　家でも、宿題が何時間かかっても終わらないので、お母さんに叱られっぱなしです。小さい頃のゆめちゃんは「癒し系」などと呼ばれていたほんわかした子どもでしたが、この頃では、「どうせ私なんて、何やったってだめだもん」と、すっかり自信をなくしてしまいました。　■

2 障害らしくない障害

2.1 発達障害は増えている？

　はかせくんやげんきくん、のんちゃん、ゆめちゃんのような子どもは、決して珍しくありません。どこの学級にも1人や2人はいるのではないでしょうか。のんちゃんのように、先生から「しつけがなっていない。本人のやる気がない」と厳しく指導されている例もたくさんあります。彼らの状態は、本当に「しつけ」や「やる気」の問題なのでしょうか。どうも、それだけではなさそうです。彼らの示す困難の背景には発達障害があるのかもしれません。

　みなさんは、発達障害という言葉に、どんなイメージをおもちでしょうか。勉強ができない子ども？　乱暴な子ども？　かんしゃくを起こす子ども？　天才的な才能をもった子ども？　さまざまなイメージがあるでしょう。

　発達障害は、発達期（誕生からおおむね18歳ぐらいまで）に、脳の機能の問題から、さまざまな困難が起こり不適応を示すものです。発達障害は、「障害らしくない障害」「見えにくい障害」といわれます。一見、何の障害もないように見えるために、支援よりも批判や攻撃を受けることのほうが多くなってしまいます。周囲から障害が理解されないことが最大の問題である、といってもよいかもしれません。

　最近、「発達障害の子どもが増えている」という声があります。「いくらなんでも、こんなに増えることは生物学的にあり得ない」というぐらい増えているのです。これには多くの要因が考えられます。知的障害を伴わない発達障害が診断されるようになったことや、発達障害が一般に知られるようになって、診断される子どもや大人が増えたことなども一因です。

　さらに、近年ならではのリスクもあります。リスクとは危険性のことで、危険性が高いことをハイリスクといいます。妊娠・出産の高齢化（母親だけではなく父親も）、体外受精、低体重での出生などは、それぞれ発達障害のリスクになります。

2.2 | 社会の変化と発達障害

　一方で、学校から見える子どもの変化があります。かつては、今ほど一人ひとりの子どもの問題は大きくありませんでした。うまくできない子どもがいても、周囲の子どもがうまくサポートして、手伝ったり仲間に入れたりしてくれましたが、最近では、子どもたち全体の「人とかかわる力」が弱くなって、支えてくれる子どもが減った、という現場の教員の声があります。

　さらにもう一つの背景として、社会の変化があります。近年、社会のあらゆる分野で「コミュニケーション能力」が重視されるようになりました。かつては、コミュニケーションが下手でも職人としての腕があれば尊敬され生計を立てることができましたが、近年では産業構造の変化により、コミュニケーション能力が必須のものとなりつつあります。このことが、大人になってから不適応を起こして発達障害の診断を受ける人が増えた背景となっています。

　このように考えると、特別な支援が必要な子どもが増えた要因としては、生物学的なもの（実際に増えている）と社会的なもの（より困難さが増加している）が複雑に絡み合っていると考えられます。

　発達障害ではありませんが、高次脳機能障害も社会的な問題の一つです。医学の進歩にともない、事故や疾病などで脳にダメージを受けた後、重い脳障害が残らずに命が助かるケースが増えました。ところが、治療後、知能は保たれているのに日常生活が円滑に送れなくなってしまった人たちがいます。これが、高次脳機能障害です。

　発達障害と高次脳機能障害は、困難さが生じた原因が違います。しかし、どちらも一見障害らしくない障害であること、脳機能の何がうまくいっていないのかを理解して、どのようにサポートしたらうまくいくのかを考えることが必要な点では、共通しています。高次脳機能障害の子どもたちへの教育については、まだ十分に研究されていません。発達障害の子どもの教育から明らかになったことを応用して、支援につなげていく必要があるでしょう。■

3 「障害」とは何だろう

　以前は「障害」を個人に特有の状態として治療するという「医学モデル」の考え方が主流でした。しかし、現在では、「障害」は社会の中に障壁があるために生じるとする「社会モデル」の考え方、個人と環境との相互作用としてとらえる「包括モデル」の考え方へと変わってきています。包括モデルは、世界保健機関（WHO）が国際生活機能分類（ICF）で示しています[図1-1]。このモデルでは、個人の心身の機能に何らかの限界があったとしても、環境因子や個人因子との相互作用により状態像は変わる、と考えています。

　このモデルの意味は、「障害」は個人の属性の問題ではなく、「環境」などとの関係で生じる困難である、という考え方です。2020（令和2）年、コロナウィルスの感染拡大により、多くの国で外出の制限や学校の休校措置がとられるようになりました。これは、「コロナウィルスの感染拡大」という「環境」により、多くの人に活動の制約（障害）が生じた例と考えることができます。　■

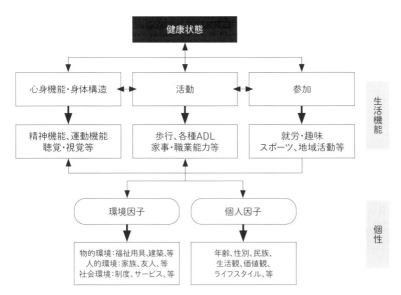

図1-1　国際生活機能分類（厚生労働省「生活機能分類の活用に向けて」）

4 「発達多様性」を活かす社会

　発達障害については、最近ではNeurodiversity（脳の多様性）という考え方が登場しています。LD、ADHD、ASDのある人の特性を、まず「多様性」というキーワードでとらえようとするものです。私は最近「発達多様性」という言葉を使っています。ヒトの脳や、発達のありようは多様であり、大多数の平均と異なることがそのまま「障害」ではありません。ICFに示されたように、環境との関係で適応状態が良好であれば「個性」といってよい状態でしょう。逆に、不適応の状態であれば「障害」の診断が必要となるでしょう[図1-2]。不適応な状態とは、その状況で期待されることが達成できない、あるいは達成できるけれども本人の苦痛・ストレスが大きい、という状態だと考えています。多様性のある人たちに対して、環境が整っていれば、「障害」のある状態にならずにすむでしょう。

　「障害者差別解消法」は、この社会環境を改善することで、「障害」のある状態を減らそうとする法律です。この法では、社会の中にある障壁を減らすために、「障害を理由とした差別の禁止」と「合理的配慮」の提供を定めています。「合理的配慮」とは、「障害のある人から困難（バリア）を取り除くために配慮を求める意思の表明があった場合、負担が重すぎない範囲で対応する」というものです。具体的な例としては、駅などの公共の場所にエレベータやエスカレータが整備されるようになったことや、感覚過敏に

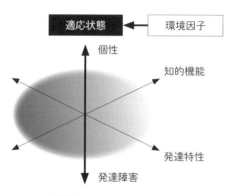

図1-2　発達多様性と障害

対する配慮、実行機能障害に対する配慮、などがあります。教育に関連しては、基礎的環境整備として、連続性のある多様な学びの場が重視されており、通級による指導の高等学校までの制度化、遠隔教育による学びの保障などがあります。多様な子どもたちのニーズに応じるため、多様な学びの方法や多様な学びの内容も提供されます[表1.1]。　■

表1-1　個に対する多様な学びの方法と多様な学びの内容の提供

多様な学びの方法	多様な学びの内容
アコモデーション （授業の内容を変更せず方法や形式を変更）	モディフィケーション （授業や課題の内容そのものを変更）
1. 課題・教示の条件の変更 　・読みやすいフォント・色 　・課題の量の調整、時間延長 2. ICTの活用 　・デジタル教科書やパソコン・タブレットなどの使用 3. ワークシート等情報提示の工夫 4. 環境調整（座席の位置、音などの感覚刺激への配慮 等）	1. アカデミックスキルの実態に応じた変更（基礎学力～高等教育準備 等） 2. 年齢に応じたソーシャルスキル（小学校モデルだけではいけない） 3. 実態に応じたアドボカシースキル（必要な援助を求める力） 　・福祉制度を利用するレベル 　・必要な配慮を自分で求めるレベル

Column
人の顔がわからない「相貌失認」

　人の顔が覚えられない認知障害は「相貌失認」といいます。欧州で人口の約2.5％、香港で約1.9％程度と報告されています*。また、自閉症スペクトラムのある人に相貌失認が見られることもあります[第7章参照]。

　私自身、何人かの相貌失認の人に出会っています。一番初めに出会ったのは、小学校で出会ったAくんでした。Aくんは、学校の廊下で私が「おはよう」と声をかけると、まじまじと私の顔を見つめ、「えーっと、この声で、この髪の毛は……、あぁ、鳥居先生だ！」と、言葉に出して確認していました。また、中学生のBくんは、待ち合わせが上手にできない生徒でした。

　あるとき、何人かの生徒と一緒にパン屋さんに入りました。私の次にBくんが並んだので、「ずいぶんたくさん買ったね」と声をかけたところ、彼はじっと私を見て「鳥居先生ですか？」と聞いたのです。このとき、彼と私は2年目のつきあいになる頃でした。この話をあちこちの研修でしていた時に「自分も思い当たる」と申し出てくださった方がいました。「今まであちこちで苦労してきた理由がやっとわかった」とおっしゃっていました。

　社会の中で生きていく上で、「人の顔がわからない」ということは、大変な困難さだろうと思います。相手の顔がわからなければ、常に初対面の状態でいなければなりません。自閉スペクトラムのある人が、誰に対しても打ち解けず堅苦しい接し方であることが多いのは、顔の認知の問題もかかわっているのではないかと思います。

　「人の顔が覚えられない人たちがいる」ということを、みなさんに理解してほしいと思います。彼らが、あなたの顔を覚えていないことに対して、がっかりしたり腹を立てたりしないでください。彼らは別に失礼な態度をとっているわけではないのです。そして、顔以外の手がかりを与えてあげてください。声や話し方、髪型、服の趣味といったものは、「相手が誰か」を判断する手がかりとなるでしょう。　■

＊　Kennerknecht, I., Grueter, T., Welling, B., et al.(2006) First report of prevalence of non-syndromic hereditary prosopagnosia (HPA). American Journalof Medical Geneics. A., 140: 1617-1622.
Kennerknecht, I., Ho, N. Y. & Wong, V. C.(2008) Prevalence of hereditary prosopagnosia (HPA) in Hong Kong Chinese population. American Journalof Medical Geneics. A., 15: 2863-2870.

第2章

実行機能と記憶のメカニズム

Introduction

発達障害のある人の困難には、「実行機能」や「ワーキングメモリ」の問題がかかわっているといわれています。発達障害について詳しく解説する前に「実行機能」と「ワーキングメモリ」について、基本的なことを理解しておきましょう。

まずは簡単なテストをしてみましょう。

テストA　下の文字をできるだけ早く読んでください

15秒ぐらいで読めましたか？

みどり	くろ	あか	あお
くろ	みどり	あお	きいろ
あか	あお	きいろ	くろ
みどり	あか	あお	きいろ
あか	みどり	きいろ	くろ
あか	みどり	あお	きいろ
くろ	あお	あか	みどり

では次に、後口絵のカラー刷りの図の文字の色をできるだけ早く言ってください。文字を読むのではなく、文字の色を言います。

いかがでしたか？
文字の色を言うほうがストレスフルだったのではありませんか。これはStroop課題といって、実行機能のひとつである「抑制」を評価する課題です。

テストB　次の単語を一度だけ読んで隠してください

わに、やま、いた、かき、しろ、あさ、はな、りか

さっき読んだ単語を50音順にならべかえてください。見返してはいけません。

いかがでしたか？　これは、ワーキングメモリの課題です。

本章では、実行機能とワーキングメモリについて考えてみましょう。

1 実行機能とは何か

▎1.1 ｜ 日常生活を支える実行機能

　私たちは毎日、さまざまな活動を「実行」しています。例えば旅行の計画を立てる場面を想像してみてください。自分と同行者の予定や希望を考慮し、日程や行先を計画し、さまざまなことを決定していくことになるでしょう。また、時には予定どおりにいかず感情的になることがあるかもしれませんが、目的のためには自分の感情をコントロールすることも必要です。このように「考慮」「計画」「決定」「コントロール」といった細かいプロセスを重ねて旅行の計画を「実行」していくことになるわけですが、この「実行」にかかわる脳の機能を「実行機能」といいます。

　「実行機能」については多くの研究があり、研究者によって定義も異なりますが、「目標を達成するために、思考、行動、情動を制御する能力」[*1]という定義がわかりやすいでしょう。具体的にどんな機能を実行機能としてとらえるかという点についても研究者によって異なりますが、実行機能を評価する検査のひとつであるBRIEF-2 (Behavior Rating Inventory of Executive Function, Second Edition) では、「抑制」「切り替え (セットシフティング) 」「計画／整理 (プランニング) 」「ワーキングメモリ」「感情調整」「課題達成」「自己モニター」という7つの側面で実行機能をとらえています。「抑制」「切り替え (セットシフティング) 」「プランニング」を実行機能とすることについては多くの研究で共通しています。「ワーキングメモリ」については、実行機能の一部とする立場と、実行機能と連動して働く別の機能とする立場がありますが、密接にかかわっていることには異論がありません。何かをやろうとしている時、目的をワーキングメモリにとどめておかなければ、達成することはできないからです。

　さらに最近の研究では、実行機能として「感情調整 (情動の調整) 」を重視する傾向があります。「社会的情動」と呼ばれる複雑な感情 (共感や誇り、羞恥心、罪悪感など) の調整には前頭前野がかかわっています。前頭前野を損

---

*1　森口佑介 (2019) 実行機能の発達の脳内機構、発達心理学研究、30 (4) 、202-207

傷すると社会的情動の障害が起こり、ルールに関する知識はもっていても
ルールに従った行動ができなくなります。目標を達成するためには情動を
調整することも必要であるため、「感情調整（情動の調整）」も実行機能の一
部としてとらえる考え方が強くなっています。

1.1.1　抑制

　抑制とは、衝動性を抑える、不要な反応を抑えて必要な反応だけをする、
といった機能です。行動の抑制が弱いと、早とちりや、勘違いをしょっちゅ
うすることになります。

　この章の冒頭で体験してもらったStroop課題は「抑制」機能の課題で
す。色の名前を言うために、文字を読みたくなる反応を抑制しているので
す。これには前頭葉がかかわっています。

　スタンフォード大学が行った「マシュマロテスト」という有名な心理学の
実験があります。幼児にお菓子を1個渡して、「このお菓子をすぐに食べて
もいいけど、15分間食べるのを我慢できたら、お菓子をもう1個あげる」と
いいます。3分の1ほどの幼児が「15分後もう1個もらうために、今目の前
にある1個を食べないで待つ」ことができました。とても興味深いことに、
この実験で我慢ができた子どもたちは、成長後に社会的に成功している割
合が高かったのです。この実験も「抑制」にかかわるものといえます。「抑
制」の機能は、個人差はありますが発達的に獲得されると考えられていま
す。幼児の多くは、成長にともなって待つことができるようになります。

1.1.2　切り替え（セットシフティング）

　切り替え（セットシフティング）とは、思考の柔軟性とも考えることができます。
問題を解決するときに、必要に応じて自分の枠組みを柔軟に変えていく力
です。一つの方法でうまくいかないときに、さまざまな方法を工夫したり、
発想の転換を図ったりする能力のことです。

　例えば、UNOというカードゲームがあります。自分の持ち札の中から、場
に出ている札と、同じ色か同じ数字の札を出していき、早く持ち札がなくなっ
た人が勝ち、というルールのゲームです。幼児や、切り替え（セットシフティン
グ）につまずきのある子どもは、「同じ色」か「同じ数字」というルールはわ
かっているのに、同じ色・同じ数字の両方をもっている時に、状況に合わせ
てどちらかを出すという判断ができません。これも「抑制」と同様、幼児の
多くは成長すれば「切り替え」ができるようになります。

1.1.3　プランニング（企画能力）

物事を順序立てたり計画を立てたりする能力を、プランニングといいます。段取りや見通しを立てる能力ともいえます。料理をするときに、何をどの順番でやっていくのか、頭の中で組み立てるでしょう。プロの料理人や家事に慣れた女性は、複数の料理が同じ時間にできあがるように段取りを考え、料理ができたときには片づけもできている、ということをこなしています。これは、優れたプランニング能力なのです。

トランプゲームの「7ならべ」や「大富豪」で勝つためには作戦を立てることが必要です。手持ちの札を見て、頭の中で作戦を組み立てることが上手な人は、「7ならべ」や「大富豪」が強い人です。この作戦を立てる能力もプランニングです。

1.2 ｜ 実行機能の検査

実行機能の検査には、Stroop課題、流暢性検査、ハノイの塔課題などがあります。

① Stroop課題

本章のIntroductionで体験した課題です。

② 流暢性検査

語頭の音、あるいはカテゴリーを示して、いくつ単語を思い出せるかで実行機能の状態を見る検査です。

（例1）1分間で「あ」のつく言葉をできるだけたくさん言ってください。

（例2）1分間で「野菜」の名前をできるだけたくさん言ってください。

③ ハノイの塔課題

右ページの写真を見てください。左の柱にあるすべての丸い板を、右側の柱に移動させるゲームです。ルールとして、1回に移動できる板は1枚だけ、小さな板の上に大きな板を乗せることはできない、ということがあります。プランニングの能力を見ることができます。　■

2 ワーキングメモリ

2.1 いろいろな記憶とワーキングメモリ

　ワーキングメモリは、記憶のひとつです。記憶には、さまざまな分類の仕方があります[表2-1]。記憶の時間の長さによって分類すると、「感覚記憶」「短期記憶」「長期記憶」になります。「感覚記憶」は、視覚や聴覚を通して入ってきた刺激を数秒程度保存するものです。「短期記憶」は、数秒から数分の間と、保存する時間がもう少し長くなります。見たり聞いたりした情報を、しばらくの間記憶にとどめているのが短期記憶です。

　この短期記憶に関連して、私たちが何か目的をもって思考するとき、必要な情報を一時的に記憶にとどめたり、過去の記憶の中から必要なものを参照したり、といった「動的な記憶」をワーキングメモリといいます（研究者によってはワーキングメモリを短期記憶とすることもあります）。短期記憶やワーキングメモリはそのままだと失われてしまいますが、同じ記憶を繰り返すと、「長期記憶」として側頭葉に保存されます。この時、記憶するべき重要なものとそうでないものを区別するのが、脳の中の「海馬」という部位です。

　「長期記憶」は、さらに「陳述性記憶」と「非陳述性記憶」に分けられます。「陳述性記憶」は言葉で説明できる記憶、「非陳述性記憶」は言葉で説明できない記憶です。「陳述性記憶」には、「エピソード記憶」と「意味記憶」があります。「エピソード記憶」は、旅行や誕生日など体験したことの記憶です。喜びや悲しみなどの強い情動がともなうと、「エピソード記憶」

表2-1　さまざまな記憶

記憶の種類		特徴
感覚記憶		秒単位の記憶
短期記憶		数秒～数分、電話番号など
長期記憶		
A、陳述性記憶	エピソード記憶 意味記憶	個人の思い出 知識
B 非陳述性記憶	手続き記憶 プライミング	身体で覚える物事の手順 無意識に行われる記憶
ワーキングメモリ		課題遂行中に必要な記憶を保持する機能

は強く残ります。これに対して、「意味記憶」は、学校で勉強したことなど知識としてもっている記憶です。「意味記憶」よりも「エピソード記憶」のほうが強く残ります。

「非陳述性記憶」の一つである「手続き記憶」は、身体で覚える記憶です。昔から「身体で覚えたことは忘れない」といわれるように、自転車の乗り方や水泳などは、一度覚えると忘れることはありません。「手続き記憶」には、大脳基底核や小脳が関与しています。

「ワーキングメモリ」は作業記憶とも呼ばれます。その性質から「脳のメモ帳」という言い方をすることもあります。私たちの日常生活は、ワーキングメモリの働きなしには考えられません。例えば、この本を読んでいて、自分の今までの経験と照らし合わせて納得したり、疑問を感じたりできるのは、ワーキングメモリが働いているからです。料理をしている最中に宅急便が届いて、受け取った後、料理の続きができるのも、先ほどまでの作業をワーキングメモリにとどめているからです。買い物をやり遂げるためには、「何を買いに来たのか」を覚えていなければいけません（実は私は、しばしば、おいしそうなお菓子やお酒に気を取られて、目的のものを買うのを忘れる、という失敗をやらかします）。

子どもたちの学習でいえば、繰り上がりのある足し算で、繰り上がる数をメモしないでも計算ができる子は、ワーキングメモリがうまく働いているのです。割り算の筆算をしているときに、「たてる・かける・ひく・おろす」の手順のうち、どれをやっていたのかわからなくなってしまう子は、ワーキングメモリがうまく働いていないのです。

このように、ワーキングメモリは日常生活や学習をうまくこなしていくためには必要な記憶であり、発達障害の子どもたちの抱える困難さとも密接な関係があります。

一方、ワーキングメモリはとてもデリケートで、悩み事などのストレスや強いプレッシャーがかかると、非常に不安定になります。みなさんも、慣れない仕事を始めたときなど、緊張しているプレッシャーから、必要なことが記憶からとんでしまった経験があるでしょう。子どもたちの学習でも「早く！」「しっかりやりなさい！」と強いプレッシャーをかけることは、ワーキングメモリを不安定にさせるので、かえって逆効果になります。

ワーキングメモリは、いくつかの要素で構成されていると考えられています。もっとも有名なのはBaddeleyのモデル[図2-1]*2で、視覚的な情報は「視覚・空間的スケッチパッド」が、聴覚的な情報は「音韻ループ」が機

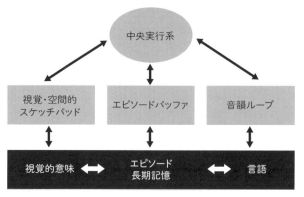

図2-1 ワーキングメモリシステムモデル(Baddeley, 2000)

能します。また、必要に応じて過去の記憶と照合する「エピソードバッファ」
もあります。すべてをコントロールするのが「中央実行系」です。

2.2 | 記憶の容量

　ワーキングメモリ（あるいは短期記憶）に一度に保存できる量（容量）には限
りがあり、7チャンク±2（5 〜 9）が標準だといわれています（チャンクというの
は、「『感覚的に1個としてとらえられる』意味のかたまり」のことです）。現在、郵便番
号は7桁で携帯電話の番号は11桁ですね。郵便番号は覚えられても携
帯電話の番号を覚えられる人が少ないのは、7±2より大きいからです。
　では、7つ以上の数字は覚えられないかというと、そうではあり
ません。みなさんは円周率を何桁ぐらい覚えていますか？　私は
「3.14159265358979」と15桁までは記憶しています。でも、これには種
明かしがあります。「妻子異国に婿さん怖く泣く（さいしいこくにむこさんこわくな
く）」と、語呂合わせで覚えているので、実はこれは1チャンクなのです。こ
れがチャンク（かたまり）という意味です。携帯電話の番号では数字ひとつ
が1チャンクでしたが、語呂合わせの円周率では「3.14159265358979（妻
子異国に婿さん怖く泣く）」が1チャンクとなります。円周率10万桁の暗唱に
成功した原口さんという方は、数字をストーリーに変換して記憶する方略を
使っていました。つまり、一つのチャンクを大きくして、よりたくさんの数字

---

*2　Baddeley, A.:The episodic buffer : a new component of working memory?, Trends in
　　cognitive science, 4, 417-423, 2000.

を覚えたのです（ちなみに、円周率の暗唱で有名になったダニエル・タメット氏はASD
で共感覚の持ち主です。タメット氏は彼独自の記憶方略を用いています）。

　発達障害などの子どもの中には、記憶の容量が7±2よりも小さい子ども
がいます。記憶の容量が小さいと、一度にたくさんのことを言われてしまう
と覚えきれないために、失敗してしまうのです。

2.3 ｜ 記憶のメカニズム

　大人でも子どもでも、「聞き返しの多い人」がいます。「今言ったこと、もう
1回言って」「えー、よく聞いていてよ」などというやりとりは日常的なもので
はないでしょうか。この「よく聞いて」というのは、相手の注意を促すもの
です。聞き返しの理由が、ぼんやりしていたとか、よく聞いていないといっ
た、不注意によるものであれば、「よく聞いて」と注意を促すことでうまくや
れるでしょう。ところが、一生懸命聞いているはずなのに、「もう1回言って」
と言いたくなることがあります。聞き返しの理由について考えてみましょう。

　具体的に体験してみましょう。本当は、「聞いて」体験していただきたい
のですが、書物ですから音を出すことができません。「見ること」で代わり
にしたいと思います。

　下記の数列を、10秒間で覚えてください。

---

4 8 3 6 9 2 5 7 3 0 7 3 2 9 1 5 0 8 2 9

【問1】 では、先ほどの数字を思い出してください。思い出した数字を下にメモしてみましょう。

先ほど覚えた数字の中で、記憶に残っていたのは何番目の数字でしょうか。初めのほうに出てきた数字か最後に出てきた数字が、一番記憶に残っていませんか。最初に出てきたものが記憶に残りやすいことを「初頭効果」、最後に出てきたものが記憶に残りやすいことを「新近性効果」といいます。中間部は、一番記憶に残りにくいのです。ですから、人と話をするとき、大事なことは最初か最後に伝えたほうが相手の記憶に残ります。

では、次の体験をしてみましょう。下の四角の中の文章を読んで、記憶してください。読むのは一度だけです。

> 海馬のCA1とよばれる部位でのLTPの分子メカニズムについて説明すると、シナプス後膜上のグルタミン酸受容体には2種類あり、それぞれAMPA型、NMDA型という名前が付いている。

【問2】では、先ほどの文章を思い出してください。思い出した文章を書いてみましょう。

　この文章は、記憶にかかわる脳の海馬というところで起こる「長期増強」という現象について説明したものです。特に専門的な知識をもっている人以外は、文章を思い出すことが困難だったのではないでしょうか。「もう一度文章を見たい」と思った人は少なくないと思います。「理解」できないことは、一度見たり聞いたりしただけで記憶することは困難です。

　ここで、最初の「聞き返しの理由は?」という問いに戻りましょう。「聞き返し」は、注意の問題だけでなく、記憶の容量が小さかったり、理解できなかったりすることが理由の場合もあるのです。記憶の量や理解の問題の場合は、ただ、「ちゃんと聞きなさい」「しっかり覚えなさい」と言葉をかけるだけではうまくやれるようになりません。一度に伝える量を少なくすることや、メモなどで記憶を補うこと、わかりやすく伝えることなどの工夫をすることで、伝わりやすくなります。

　よく「記憶力が悪い」「記憶力が落ちた」などと言います。同年代の友人とは「最近、年のせいかもの覚えが悪くなった」という話題で盛り上がったりします。「あれ、あれ」「そうそう、それ、それ」などという会話も、思い当たる方はたくさんいらっしゃるでしょう。イメージは思い浮かぶのに、名前が出てこないのです。でも、しばらく話しているうちに、ちょっとした手がかりで、「えーっと、あのイケメンの」「朝ドラで牧場の場面にも出てたよ」「そうだ、思い出した。草刈正雄よ」「あぁ、そうだ」などと思い出すこともしょっちゅうですから、どうも記憶力そのものが悪いということでもないようです。

　記憶には、「符号化」「貯蔵」「想起」のプロセスがあります。「符号化」とは記憶の中で既存の情報に結びつけること、「貯蔵」は記憶を長い間保持すること、「想起」は必要に応じて記憶を思い出すことです。先ほどの例は、きっかけがあれば思い出すわけですから、記憶として「符号化」「貯蔵」はできているけれども想起がうまくいかない、と考えられます。最近、パソコンやスマートフォンで文書を作成することが増えました。自動で変換して

くれるのは便利だけれども、漢字を思い出せなくなった、と感じている人は多いのではないでしょうか。でも、変換候補を見れば正しいものを選べるわけですから、これも、想起が困難になった例と考えることができます。■

符号化 → 貯蔵 → 想起

図2-2　記憶のプロセス

第3章

脳機能から理解する
LD（学習障害）のある子どもたち

Introduction

LD（学習障害）のある子どもたちは、どんなふうに感じているのでしょう。
本章ではLDについて考えてみましょう。

下の文章を、声に出して読んでみてください。

> ぜあらあめにいああてぃくるざばうとすてぃぐまとぅわあずでぃさびりてぃいず
> とぅでぃくりいずすてぃぐまとぅわあずにゅうろでべろっぷめんたるでぃすおお
> だあずえでゅけーしょにずべりいんぽおたんといんざふぁすとすてっぷてぃ
> いちこれくとなりっざばうとにゅうろでべろっぷめんたるでぃすおおだあずざ
> せかんどすてっぷめいこおぽちゅにてぃいずぜいはぶぽじてぃぶこんたく
> てぃいちあざあず

何が書いてありましたか？
全部ひらがなですから、みなさん音読は問題なくできたはずです。でも、内容が
理解できた方は少ないのではないでしょうか。この文章は英語の論文の一部を、
ひらがなにしたものです。ですから、一般の方にとっては、初めて目にする言葉
がほとんどだろうと思います。いくらか、専門知識をおもちの方であっても、英語
をひらがな表記にしてしまったので、内容がわかる方でも、大変読みにくかった
のではないかと思います。読みの困難がある状態を感覚的に理解していただく
ための体験です。

> 【原文】
> There are many articles about stigma towards disabilities. To decrease
> stigma towards neurodevelopmental disorders, education is very important.
> In the first step, teach correct knowledge about neurodevelopmental
> disorders, the second step, make opportunities they have positive contact
> each other.
>
> 【日本語訳】
> 障害に対するスティグマについては多くの論文がある。神経発達障害に対するスティグ
> マの改善のためには、教育が非常に重要である。最初のステップでは神経発達障害
> に関する正しい知識を教え、第二のステップではお互いにポジティブに触れ合う機会を
> 作る。

では、LDのある人が感じている世界について考えてみましょう。

1 LD（学習障害）とは

知的障害はないのに
「文字を読むことが困難（時間がかかる）」
「文字は読めるけれども、言葉のまとまりがわからない」
「音読はできるけれども、内容が理解できない」

　こういった状態を、読字の障害（読字困難）といいます。LD（学習障害）の中の一つです。LDとは、全般的な知的発達に遅れがないにもかかわらず、読み書きや計算などの学習がうまくいかない障害です。文部科学省は学習障害について、次のように定義しています。

〈文部科学省の定義〉

　　学習障害とは、基本的には全般的な知的発達に遅れはないが、聞く、話す、読む、書く、計算する又は推論する能力のうち特定のものの習得と使用に著しい困難を示す様々な状態を指すものである。学習障害は、その原因として、中枢神経系に何らかの機能障害があると推定されるが、視覚障害、聴覚障害、知的障害、情緒障害などの障害や、環境的な要因が直接の原因となるものではない[*1]。

　「学習障害」は、もともとは、英語のLearning Disorders（医学用語）を翻訳した用語です。現在ではアメリカ精神医学会の診断基準であるDSM-5（2013年改訂版）において限局性学習症（Specific Learning Disorder；SLD）と定義されています。ちょっと難しいですが、DSM-5（APA, 2013）の定義を紹介します[*2]。

〈DSM-5　限局性学習症の定義〉

　　A.　学習や学業的技能の使用に困難があり、その困難を対象とした
　　　　介入が提供されているにもかかわらず、以下の症状の少なくとも

---

*1　文部科学省「学習障害児に対する指導について」平成11年

一つが存在し、少なくとも6カ月間持続していることで明らかになる：

（1）不的確または速度が遅く、努力を要する読字

（2）読んでいるものの意味を理解することの困難さ

（3）綴字の困難さ

（4）書字表出の困難さ

（5）数字の概念、数値、または計算を習得することの困難さ

（6）数学的推論の困難さ

B. 欠陥のある学業的技能は、その人の暦年齢に期待されるよりも、著明にかつ定量的に低く、学業または職業遂行能力、または日常生活活動に意味のある障害を引き起こしており、個別施行の標準化された到達尺度および総合的な臨床評価で確認されている。17歳以上の人においては、確認された学習困難の経歴は標準化された評価の代わりにしてもよいかもしれない。

C. 学習困難は学齢期に始まるが、欠陥のある学業的技能に対する要求が、その人の限られた能力を超えるまでは完全には明らかにならないかもしれない。

D. 学習困難は知的能力障害群、非矯正視力または聴力、他の精神または神経疾患、心理社会的逆境、学業的指導に用いる言語の習熟度不足、または不適切な教育的指導によってはうまく説明されない。

　　ＬＤ（SLD）の「Ｄ」には微妙にニュアンスの異なる複数の単語が用いられます。文部科学省の定義では学習障害としてLearning Disabilitiesを使っています。

　　研究者によっては、DifficultiesやDifferences、最近ではDiversity（多様性）の意味でＤを使うこともあります。日本語に訳すと、学習障害、学習困難、学びの多様性といった意味になるかと思います。ＬＤは従来の「障害」のイメージとは、だいぶ異なり、見ただけでは障害がわかりません。一見障害ではないように見えるために、やる気や努力の不足と誤解されやすいのです。「障害」という言葉を使うことが適切ではない場合があるので、この本ではＬＤという用語を使いたいと思います。

*2　日本精神神経学会監『DSM-5 精神疾患の診断・統計マニュアル』65-66頁、医学書院、2014年

LDは、みなさんに体験していただいた読字困難だけではありません。医学的な定義では「読むことは問題ないのだけれど、書くことに困難がある書字障害」「算数に困難がある算数障害」「その他特定不能の学習障害」があります。文部科学省の定義では「聞く」「話す」「推論する」ことの困難も含んでいますので、医学的な定義よりも幅が広くなります。

　では、なぜLDのある子どもは、知的障害はないのに読み書きや計算などに困難さがあるのでしょうか。　　　　　　　　　　　　■

2 「認知」って何?

　LDの子どもの困難さを考えるために、まず「認知」ということについて、知っておきましょう。「認知」という言葉の一般的な意味は、「事象について知ること、ないし知識をもつこと」（『広辞苑』）ですが、心理学の専門用語としての「認知」は、「見たり聞いたり、覚えたり、考えたりといった人間の脳内で働く総合的な知的活動」を指します。

　認知は、ひとかたまりのものではなく、さまざまな側面をもっています。認知能力のさまざまな側面を測定するために、いろいろな心理検査が使われています。子どもの認知能力の測定のために使われる検査として、知能を測定するWISC-Ⅳや認知能力を測定するKABC-2などがあります[第15章参照]。　■

3 「見る」ことと「聞く」こと

▌ 3.1 │ 聴覚優位と視覚優位

　認知能力にはさまざまな側面があります。私たちは外界からさまざまな情報を受け取り（入力）、それを処理しています。情報を受け取る方法として、「見ること」「聞くこと」は大きな役割を果たしています。「見ること」は「視覚情報処理」、「聞くこと」は「聴覚情報処理」といいます。通常は、視覚情報処理と聴覚情報処理はバランスよく行われていますが、どちらかが極端に弱いと日常生活に困難が生じることになります。強いほう（使いやすいほう）を指して、「視覚優位（見るほうが強い）」「聴覚優位（聞くほうが強い）」という言い方をします。

▌ 3.2 │ 脳を使って見ている

▌ 3.2.1 「どこ」の経路と「なに」の経路

　「見る能力」というと、みなさんは学校の健康診断で行う視力検査を思い浮かべるかもしれません。1.2とか、0.4などと表しますが、これは「視力」であって、視覚の一つに過ぎません。視覚は、もっと幅広いもので、「目に映るさまざまなものを判断する過程」といえます。ヒトが外界から受け取る情報のうち、最も多くを占めるのが視覚情報です。視覚情報としては、形、大きさ、色、明るさ、質感、位置、運動の方向などがあります。

　視覚情報処理には、「どこ」の経路と「なに」の経路があります。目（網膜）から入った視覚情報は、後頭葉の一次視覚野に送られます。ここから頭頂連合野へ向かうのが「どこ」の経路です。「どこ」の経路では、空間内での物体の位置や動きをとらえます。

　これに対して、側頭連合野に向かうのが「なに」の経路です。「なに」の経路では、形や色などの情報をもとに物体を視覚的に認識します。見ているものが何であるかを判断する経路といってもよいでしょう[図3-1]。ただし、人の顔に関しては、脳の中でも特定の領域が関わっていることが明らかになってきています。現段階では、側頭葉の紡錘状回顔領域、上側頭溝、後

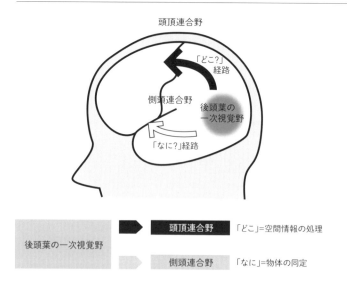

後頭葉の一次視覚野	➡	**頭頂連合野**	「どこ」＝空間情報の処理
	⇨	側頭連合野	「なに」＝物体の同定

図3-1　視覚情報の経路

頭葉にある後頭顔領域などが、重要な役割を果たしていると考えられています。

3.2.2　見ているのに見えない　視覚体験の重要性

　先天性白内障という、生まれつき水晶体が白濁している病気があります。赤ちゃんが先天性白内障であることがわかると、生後ただちに（両眼の場合は生後10-12週、片眼の場合は生後6週までに）手術を行います。成人後に手術を受けても、ものを見る機能が十分に回復しないのです。大人になってから白内障になった患者さんでは、手術をして視力を取り戻せば、ものを見る機能は回復します。

　デイビッド・ヒューベル（David Hunter Hubel）とトルステン・ウィーゼル（Torsten Nils Wiesel）は、1981年にノーベル医学・生理学賞を受賞した学者です。彼らは、生まれたばかりの猫の片目を眼帯で閉じて育て、視覚情報処理にかかわる脳の神経細胞について研究しました。生後すぐの一定期間、片目を閉じて育てた猫は、大人になっても、閉じられていたほうの目に反応する神経細胞がほとんどないということがわかりました。

　先天性白内障の例やヒューベルとウィーゼルの研究結果が私たちに教えてくれることは「ものを見ることは学習によって獲得する力である」ということと、「そのような学習に適した時期は限られている」、ということです。ここ

でいう「学習」とは、心理学用語で「経験によって、行動が多少とも持続的な変容を示すこと」を意味します。脳の発達の観点から考える、学習が可能な時期のことを「感受性期」といいます。子どもの頃に正常な視覚体験をしておかないと、脳内で視覚情報を処理する機能が発達せず、成長してから目を治療しても見る力が獲得できないのです。脳の機能を発達させるためには、感受性期に必要な経験を通して学習をしておくことが、とても大切だといえるでしょう。

3.2.3　ものを見るために動く眼球

　普段意識していませんが、私たちの眼球は実によく動いています。眼球の動き（眼球運動）には、いくつかの種類があります。

ア. 視機性眼球運動
　　電車に乗って窓の外の風景をぼんやり眺める時の眼球運動
イ. 前庭性眼球運動
　　頭部が回転した時に網膜像のぶれを補正する眼球運動
ウ. 輻輳性眼球運動
　　眼前の対象物にピントを合わせるための「寄り目」
エ. サッケード性眼球運動
　　視点を高速に移動させるときの眼球運動
オ. 追跡性眼球運動
　　特定のターゲットを追い続けるときの眼球運動

　私たちは人の顔を見るときに、相手の目や口元などさまざまな位置に高速で視線を動かしています。また、読書をするとき、行の端まで読むと次の行の頭にすばやく視線を動かします。これがサッケード性眼球運動です。サッケード性眼球運動がスムーズにできないと、本を読んでいるときに行がずれたり、どこを読んでいたのかわからなくなったりします。
　それぞれの眼球運動によって制御方法は異なります。非常に高度で複雑なシステムが働いているのです。

3.2.4　錯視の認知心理学

　「錯視」とは目の錯覚のことです。しかし、実際には眼球部分ではなく脳の中で起こっている現象です。目で見た情報を脳が処理する際に、見えな

い部分を補ったり、遠近の判断をしたりしていますが、それが、状況によっては「勘違い」になってしまうことがあります。これが「錯視」です。代表的な錯視の例をいくつかご紹介しましょう。

i. カニッツァの三角形

手前に白い三角形が見えますが、実は、欠けた円とV字を組合せただけです。

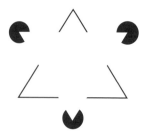

ii. ヘリング格子錯視

黒い格子の各交点に、実際にはないはずの白い点がちらついて見えます。

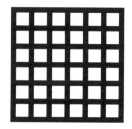

iii. ミュラー・リヤー錯視

上下の線は、実際には同じ長さですが、下のほうが長く見えます。

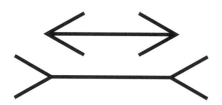

iv. 文字列による傾き錯視（新井しのぶ氏、新井仁之教授（早稲田大学）の作品）[*3]

まっすぐな文字列なのに、傾いて見えます。

月木土金月木土金月木土金月木土金月木土金月木土金
月木土金月木土金月木土金月木土金月木土金月木土金

金土木月金土木月金土木月金土木月金土木月金土木月
金土木月金土木月金土木月金土木月金土木月金土木月

月木土金月木土金月木土金月木土金月木土金月木土金
月木土金月木土金月木土金月木土金月木土金月木土金

v. 何もしなくても動いて見える線画（北岡明佳教授（立命館大学）の作品）[*4]

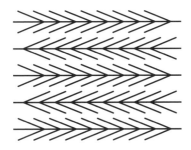

vi. ポンゾの錯視の応用例

2人の人間は同じ大きさですが、手前のほうが小さく見えます。

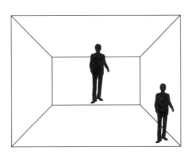

*3 http://www.araiweb.matrix.jp/Exhibition/illusiongallary4.html（情報取得日2020年6月9日）
*4 http://www.ritsumei.ac.jp/~akitaoka/（情報取得日2020年6月9日）

3.3 | 脳を使って聞いている

3.3.1 ちゃんと聞こえているの?

　みなさんは、学校の健康診断や耳鼻科の治療で、一度は聴力検査を受けた経験があるでしょう。ヘッドフォンを耳に当てて、「キーン」という音が鳴っているのが聞こえているかどうか調べる検査です。これが聞こえれば、聴力は異常なし、ということになります。ところが、実は「異常なし」とは限らないのです。「音が鳴っているのが聞こえる」ということと、「言葉としてちゃんと聞こえる」ということは別のことだからです。

　耳から入った音を意味のある「言葉」として理解するためには、脳が情報を処理する必要があります。「見ること」と同様、「聞くこと」についても、私たちの脳が大切な役割を果たしているのです。

3.3.2 カクテルパーティ効果

　騒がしいパーティ会場でも、私たちは会話をすることができます。これを、カクテルパーティ効果といいます。いろいろな雑音がある中でも、相手の話が聞き取れるのは、私たちの耳が、雑音と必要な音とを区別して聞き取っているからです。たくさんの情報の中から必要な情報に対して注意を向けることを「選択的注意」とよび、前頭葉がかかわっています。さらに最近の研究では、左側頭葉の聴覚野が音や言葉を特別に聞き分けているらしい、ということも解明されてきています。■

4 「学習」の心理学

次の文字を読んでみてください。

こは　ちけ　そな　とみ

けち　はこ　なみ　そと

　上段と下段では、どちらが読みやすかったでしょうか？　おそらく、下段のほうが読みやすかったという方がほとんどだろうと思います。2つとも、全く同じひらがなの組合せなのですが、上段は意味がない組合せなのに対して、下段は意味のある単語になっているのです。

　たいがいの場合、意味のある単語のほうが読みやすいのです。

　では、次の文章はどうでしょうか。

夏バテ予防には、緑や黄色の野菜をたくさんとるようにしましょう。たとえば、ピーマン、ほんれうそう、ブロッコリー、アホガド、にんじん、がほちゃ、などです。

　読んでいて、「あれ？」と何か変なところに気づきましたか？

　「ほうれんそう」ではなく「ほんれうそう」、「アボカド」ではなく「アホガド」、「かぼちゃ」ではなく「がほちゃ」になっているのです。長い文章を読む時、私たちは1文字ずつ音に変換する読み方ではなく、脳内辞書（レキシコン）を使って、前後からある程度推測して読んでいく情報処理をしています。上の文章では、最初の文で「緑や黄色の野菜」と言っていますから、読みの上手な人は「ほ○○○○う」と見ると「ほうれんそう」、「ア○○ド」と見ると「アボカド」と推論しながら読むのです。ですから、むしろ読みの上手な人のほうが文字の置き換えに気づかなかったろうと思います。

4.1 | 読む能力のメカニズム

　文章を読むためには、さまざまな能力が必要です。視覚情報の処理をはじめ、音韻情報への変換、眼球運動、メンタルレキシコン、記憶・知識、情報処理の素早さなど、さまざまな能力がかかわっています[図3-2]。

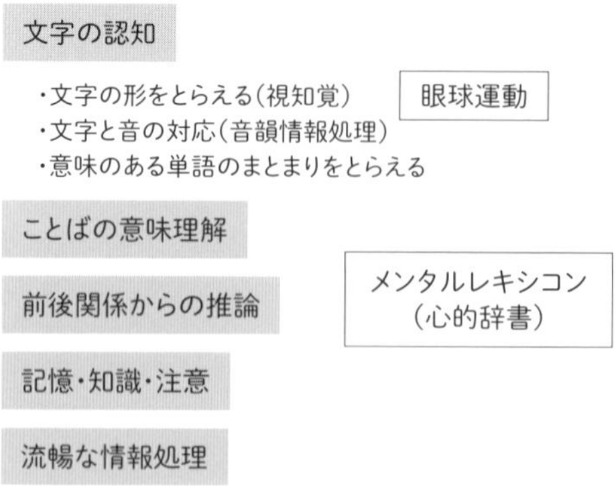

文字の認知

・文字の形をとらえる（視知覚）　　眼球運動
・文字と音の対応（音韻情報処理）
・意味のある単語のまとまりをとらえる

ことばの意味理解

前後関係からの推論　　メンタルレキシコン（心的辞書）

記憶・知識・注意

流暢な情報処理

図3-2　読みのメカニズム

　ひとくちに「読むことが苦手」といっても、どこでつまずいているかで、いろいろなタイプがあるのです。読みの「二重経路モデル」（Coltheart et al., 2001）[図3-3]では、読む能力には「文字を音に変換して読む音韻ルート」と、「意味を通して読む意味ルート」の二つの経路がかかわっていることを示しています。一音ずつたどたどしく読む「拾い読み」の子どもは、文字の形をとらえたり、文字と音を対応させたりする「音韻ルート」がうまく機能していないのかもしれません。音読は上手にできるのに内容が読み取れない

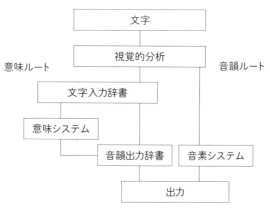

図3-3　二重経路モデル（Coltheart et al., 2001）

子どもは、「意味ルート」やワーキングメモリに問題があるのかもしれません。読んでいるうちに行がずれてしまったり、読み飛ばしや勝手読みが多かったりする子どもは、視覚認知や眼球運動、注意などに問題がある可能性があります。また、処理速度に問題がある場合も、流暢に読めなくなります。

　読みにかかわる脳内のネットワークの考え方では、読みを覚えたばかりの頃は低速経路（背側経路）を使用し解読に多大な時間をかけているが、流暢な読み手の脳は集中的で能率化された高速経路（腹側経路）を獲得している、と異なることが指摘されています[*5]。このように、読むことが苦手な原因には、脳のメカニズムからさまざまな可能性が考えられるのです。

4.2 ｜ 書く能力のメカニズム

　書くことになると、さらに運動の問題や頭の中で内容を組み立てることなど、複雑な要素が加わります。みなさんに、書くことについての脳の働きを体験してもらいましょう。

　下のお手本を見て、30秒以内に書き写してください。

　次に、下のお手本を見て、30秒以内に書き写してください。

A B C D E F G H I J K L M N

*5　メアリアン・ウルフ著、小松淳子訳：プルーストとイカ 読書は脳をどのように変えるのか?、インターシフト、2008.

　いかがでしたか。上のお手本は30秒ではとても書き写せなかったと思いますが、下のお手本は簡単に書き写せたでしょう。これは、どうしてなのでしょうか。

　下のお手本は、アルファベットをAから順番に書いてあるので、頭の中で「エービーシー…」といったん音に置き換えて書いたのではないでしょうか。このとき、みなさんの脳の中では、後頭葉で視覚情報を処理した後、側頭葉の言語野を通って「書く」という運動をコントロールするという活動が行われたのです。ところが、上のお手本は見慣れないものでしたね。ですから、一つひとつの形を考えて、それを書き写すという活動で、言語野がかかわっていないのです。同じように「書き写す」という作業でも、脳内の情報処理は異なっているため、できるできないも違ってきます（種明かしをすると、最初のお手本はWebdingsというフォントにしただけで、どちらも同じデータです）。

　子どもの中には、習字なら上手なのに、ノートの字はさっぱり、という子がいます。習字のお手本をまねて書くのと、黒板の文字をノートに書き写すのとでは脳内の情報処理が違うのですから、そういう子どもがいても不思議はないのです。

　読むことと同様、書くことが苦手といっても、さまざまなタイプがあります。全部ひらがなになってしまって漢字が出てこない子どもは、符号化―貯蔵―想起のプロセス[6]のどこかがうまくいってないのかもしれません。漢字の形がうまく取れなくて、行からはみ出してしまうような子どもは、視覚認知や運動に問題があるのかもしれません。文字の一部が抜けたり、書き飛ばしが多かったりする子どもは、視覚認知や注意の問題があるのかもしれません。また、不器用さがあると、書くことはとても困難な作業になります。この場合は手指などの運動に問題がある可能性を考慮することが必要です。

　このように、書くことが苦手な原因として、脳のメカニズムからは、さまざまな可能性が考えられるのです。　　　　　　　　　　　　　　■

---

[6]　35頁参照

第4章

LDのある子どもたちへの支援

Introduction

学習の困難の原因は，いろいろな可能性があります。子どものニーズによって多様な学習方法を工夫する必要がありますが、具体的にはどうすればよいのでしょう。

〈事例１〉
よしきくんは小学４年生です。漢字を書くことが苦手です。よしきくんは「一石二丁」と書いてしまいました。正しくは「一石二鳥」なのです。よしきくんの間違いは、「いっせきにちょう」という音は合っているけれども字が違うことです。よしきくんはこのような間違い方をしょっちゅうしています。

〈事例２〉
ゆきのさんは小学５年生です。自己紹介をしようとして、「私のほしざは、ふたご座です」と言ってしまいました。ゆきのさんは「星座」という字を見て「ほしざ」だと思ってしまったのです。ゆきのさんにはこういう間違いが頻繁に見られます。ゆきのさんと話をしていると、「子犬って秋みたい」「おはしってバレリーナみたい」というような表現がよく出てきます。とてもすてきな表現ですが、ゆきのさんに「どうして子犬が秋なの？」と聞いたところ、「だって、茶色とか黒とか落ち葉みたいな秋っぽい色じゃない」という答えが返ってきました。おはしもバレリーナの足のように見えるからだそうです。

よしきくんとゆきのさんは、学び方が異なっているようです。どんな学習方法が理解しやすいでしょうか。学習方法の工夫について考えてみましょう。

1 得意な能力を探る 聴覚優位と視覚優位

　LDのある子どもの全般的な知的水準は低くありません。そのため、周囲からの期待も、本人自身の要求水準も高くなりがちです。また、自分のつまずきに対して「こんな簡単なこともできない」という思いももちやすいのです。要求水準と実際の結果とのギャップが大きいことから、自尊心が傷つきやすいのです。また、「できない自分」を他人に知られたくない、という気持ちも強く、そのために学習場面を避けることもあります。その結果として不登校の症状を示すことがあります。ですから、自尊感情の低下による二次的な不適応を防ぐことがとても大切なのです。

　LDの子どもたちの困難さは、通常の学習方法ではうまくいきません。また、本人のやる気ではどうにもならないものがほとんどです。では、LDのある子どもたちには、いったいどのような学習指導をしたらよいのでしょう。大切なことは、子どもの能力・個性に合わせた指導方法の工夫と、二次的な不適応の予防の2点です。その子の得意な能力を使った指導方法の工夫や、課題・教示の条件や要求水準の調整、あるいはICTの活用などで、困難をカバーすることが必要になります。

　指導の工夫の一つとして、「見ること」「聞くこと」のメカニズムで紹介した、聴覚優位と視覚優位に配慮した指導法があります。聴覚優位の子どもには聴覚を活かした方略で、視覚優位の子どもには視覚を活かした方略を用いるのが基本です。また、記憶しやすくするための工夫も必要です。LDのある子どもたちには、学習場面で「よくやる間違い」がそれぞれあります。「よくやる間違い」をていねいにみることで、子どもたちへの支援の手がかりが得られることがあります。

　事例1のよしきくんは、「いっせきにちょう」という音は合っているけれども、字が違っています。このような間違え方をしょっちゅうしていることから、よしきくんは、目よりも耳からの情報のほうが入力しやすい、と推測することができます。事例2のゆきのさんは、間違え方や日常のエピソードから、耳よりも目からの情報のほうが入力しやすいと推測することができます。よしきくんのように聴覚優位の子どもには、耳で聞く情報を使うほうがうまく伝わります。一方、ゆきのさんのように視覚優位の子どもには、目に見える情報

を使うほうがうまく伝わります。

　読み書き以外では、「かけ算九九」は聴覚的な学習です。聴覚情報の処理が困難な場合、なかなか覚えられないことがあります。その場合は「九九の表」を使った視覚的な学習にすると覚えやすいかもしれません。子どもの得意な能力を知ることで、効果的な支援を行うことができるのです。

　では次に、私たちがものを見たり聞いたりするとき、どのように情報を処理しているのかを考えてみましょう。　　　　　　　　　　　　　　　■

2 きちんと聞きとれない子どもへの支援

さとるくんは、小学3年生。小さい頃から、中耳炎を何度も繰り返しています。聴力検査では「正常範囲」という結果が出ているのですが、彼の発音はごにょごにょと不明瞭で、何を言っているのかよくわからないことがしょっちゅうです。まるで難聴の子どものような話し方なのです。しりとりをした時のことです。「くじら」の次で「ら」のつく言葉を言わなければならないのに、さとるくんは「なす」と答えました。「くじらだから『ら』のつく言葉だよ。なすは『な』でしょう。『ら』のつく言葉を言ってください」何度説明してもさとるくんには通じません。とうとうさとるくんは怒り出してしまいました。

さとるくんは、「な」と「ら」の音の聞き分けができなかったのです。詳しく調べてみると、「ピン」と「ビン」、「鳩」と「ハート」、「地図」と「チーズ」、「飴」と「雨」の聞き分けもできないことがわかりました。さとるくんの聴力は正常域ですが、語音処理に困難があると考えられます。

近年、母国語が日本語ではない子どもたちが、学校教育の中に増えました。母国語が異なると、日本語の語音処理が困難なことがあります。これは、私たちが外国語の映画やドラマを見た時に、単語としてうまく聞き取れない状態と似ています。語音処理に困難がある場合は、ゆっくりはっきり話したり（音の分析がしやすくなる）、口の形が見えるように口をはっきり開けて話したり、文字や具体物などの手がかりを示したりすることが、大事な支援になります。■

3 読み書きの指導の工夫

　文字学習の初期には、まず文字を獲得することが目標になります。初期の文字学習の工夫として、多感覚使用（マルチセンサリーアプローチ）などがあります。多感覚使用は、視覚、聴覚、触覚、運動などのいろいろな感覚を用いて文字の獲得をしやすくする指導法です。日本の文字指導でよく取り組まれている言いながら空書（宙に書く）することも、その一つと言えます。手の甲に文字を書くと皮膚感覚を用いることになります。多層指導モデルMIM[*1]は文字を読みながら体の動きをつけていますが、これも多感覚使用のひとつでしょう。

　その他に、読み書きが苦手な子どもへの指導の工夫には、次のようなものもあります。
① 体験（エピソード記憶の活用）
② 意味づけ
③ 言語化（音声化）
④ 視覚的手がかり

3.1 ｜ 体験（エピソード記憶の活用）

　記憶の中で、情動をともなったエピソード記憶が最も強く残るということは、「記憶」のメカニズムの項でお話ししました。子どもにとって楽しい経験となるよう学習場面を工夫することで、記憶に残りやすくするのです。あるいは、子どもの興味・関心を活かす方法もあります。電車が好きな子どもなら、駅名を題材に漢字を学習したほうが身につくでしょう。恐竜が好きな子どもなら恐竜の本を、カブトムシが好きな子どもなら昆虫の本を使って学習すると効果が上がりやすいのです。

　また、知的水準が平均以下の子どもの場合も、体験を通して繰り返し学ぶ方法が定着しやすいでしょう。

*1　http://forum.nise.go.jp/mim/index.php?page_id=0

3.2 意味づけ

学校で学習するのは、ひらがな、カタカナ、漢字の順ですが、必ずしもすべての子どもにとって、ひらがなが一番やさしいとは限りません。漢字は象形文字から発生しているので、意味のあるものがたくさんあります。中には「漢字は意味があるからひらがなよりわかりやすい」という子もいるのです。

「意味づけ」は、漢字が元々もっている意味を使った学習方法です。例えば、「ごんべん」を使うのは、言葉に関係がある漢字です（話、語、講、設、許、記、計、試、説、読、課、談）。「さんずい」は、水に関係ある漢字：海、浅、深、溝、池、汽、決、汁、汗、沢、沖、波、法、注。「にくづき」は、身体に関係のある漢字：脳、腹、腸、肺、肝、腎、背、臓、肥、脚、肢、脇、胴というように、部首ごとに漢字の意味を考えながら学習していく方法です。「さかなへん」は、文字通り魚の名前で、説明もしやすい漢字が多いのです。

弱い魚は鰯、青い魚は鯖、春においしいのは鰆、身が固い魚は鰹……。こんなふうに、意味づけて学習する方法が合う子どももいます。

3.3 言語化（音声化）

通常の漢字学習は、視覚的な情報処理を使っています。視覚的な情報処理が苦手な子どもの場合は、言語や音を使って聴覚情報に置き換えることで、学習がうまくいく場合があります。

例えば、「木の上で立って見ている親」というように、「親」という漢字を言葉に置き換えると、聴覚情報の回路が使えます。あるいは、「業」という漢字を「たてたてちょんちょん、よこちょんちょん、よこよこよこたて、ひだりみぎ」というように、音に変えて覚える方法です。これが音声化です。間違えやすい漢字を「爪につめなし、瓜につめあり」などと言って覚えるのも言語化の一つです。

3.4 視覚的手がかり

漢字を学習するときに、次のように絵に表して理解しやすくする方法です。

文章を読むときに、スラッシュ「／」などを使って言葉のまとまりをとらえ

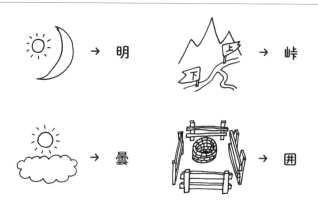

やすくする方法も効果的です。次の文章を声に出して読んでみてください。

まんじゆうごさいにみたないじどうにここについてまたはどうろそのたこれに
じゆんずるばしよでかようゆうげいそのたのえんぎをぎようむとしてさせるこ
ういまんじゆうごさいにみたないじどうにしゆせきにじするこういをぎようむ
としてさせるこういじどうにいんこうをさせるこうい

　この文章は、全部ひらがなで書かれています。読めない字はありません
が、読みにくいですね。

まん／じゆうごさいに／みたない／じどうに／ここに／ついて／または／
どうろ／そのた／これに／じゆんずる／ばしよで／かよう／ゆうげい／そ
のたの／えんぎを／ぎようむとして／させる／こうい。まん／じゆうごさ
いに／みたない／じどうに／しゆせきに／じする／こういを／ぎようむとし
て／させる／こうい。じどうに／いんこうを／させる／こうい

　今度はどうでしょう。「／」を入れたことで、言葉のまとまりがとらえやすく
なったでしょう。また、行に沿って定規を当てることで、より読みやすくなり
ます。中には、口絵（巻末）のように、黄色いフィルターをかけるとよく見える
ようになる子どももいます。子どもによってはグレーや赤いフィルターがよい
こともあります。■

4 ICTの活用と合理的配慮

　2016（平成28）年に「障害者差別解消法」が施行され、公立学校では「合理的配慮の提供」が義務となりました。合理的配慮としてタブレットなどの使用が認められたことは、LDのある子どもにとっては大きな福音です。ICTを活用することで、学習の入り口の「読み」でつまずいていた子どもが、学習内容にアプローチできるようになります。読みの支援ツールとしては、デイジー教科書や、デジタル教科書などが開発されています。2019（平成31）年には「学校教育法等の一部を改正する法律」等関係法令が施行され、必要に応じてデジタル教科書が併用できるようになりました。デジタル教科書は、タブレットやPCで利用でき、必要に応じて拡大したり音声で出力したりすることができます。

　また、これまでの手書きに限定した学習指導では、LDのある子どもたちには大きな困難がありました。板書をノートにとることが困難なLDの子どもは少なくありません。タブレットを使って板書を写真に撮ってノートを作成できれば、より学習効果が上がります。書くことの困難に配慮した「試験時間の延長」も合理的配慮として認められています。

　試験の問題や印刷物など、フォントによって読みやすさが異なることはご存じでしょうか。一般的に明朝体は最も読みにくいといわれています。メイリオや丸ゴシックなどのほうが読みやすいフォントです。最近ではUD（ユニバーサルデザイン）のフォントも開発されています。そのひとつのUDデジタル教科書体は、多くの人が読みやすいフォントです。

　また、子どもによっては用紙の色で読みやすさが変わることがあります。口絵（巻末）のように黄色い紙が読みやすい子どももいれば、赤やグレーが読みやすいという子どももいます。

　文字のフォントやサイズ、紙の色などはICTの活用で簡単に変更することができます。

5 課題・教示の条件や要求水準の調整

　ワーキングメモリが弱い子どもの場合、一度に複数の指示を出されてしまうと、わからなくなってしまうことがあります。その場合は、一度に伝えることを、一つずつ短い文章にすることで、うまくできることが増えます。

　どのクラスにも、一生懸命やっていても時間がかかってしまう子どもはいるでしょう。処理速度の問題があると、一つひとつの情報処理や作業に時間がかかってしまいます。周りの子どもが20題のドリルをこなしているのに、5題くらいしか終わっていないことがあります。処理速度の問題をもつ子どもたちは、時間内にこなしきれない経験を積み重ねることで、意欲が低下してしまうことがあります。時間さえあればできる子どもたちです。一度に出す課題の量を減らしたり、可能なときには十分な時間をとるようにしたりすると、「できた」という達成感を味わい、自信を取り戻すことができます。

　LDのある子どもたちは、とても繊細な面があります。数多くの失敗経験から自信を失っていたり、臆病になっていたり、努力しても報われないと学習性無力感に陥ったりします。少しずつ小さな目標を達成していくことで、自信を取り戻せるような機会を作ってあげるようにしましょう。■

6　多様な学習方法

　LDのある子どもたちの学習指導を通して感じることは、学習方法は一つではない、ということです。人によって、得意なものは違います。みんなと同じやり方でうまく学べなくても、一つのやり方だけにこだわらず、自分に合った学びのスタイルで、学んでいければよいのです。視覚情報、聴覚情報、ICTの活用など多様な手がかりを用いることで、多様な子どもが学べるようにしましょう。さらに、子どもに合わせた目標を設定することで、子どもの意欲と学びを支えていくことを大事にしたいと思います。

　障害のある子どもたちの教育を考えるとき、2つのアプローチがあります。1つめは、障害された機能をいかに向上させるか、2つめは、障害されていない機能をいかに活かすか、というものです。苦手なものをどれだけ克服するかと、得意なものをどれだけ伸ばすか、と言い換えてもよいでしょう。いろいろな子どもたちの成長を見ていると、どちらのアプローチも必要だということを痛感します。弱い部分だけを取り上げていても行き詰まるし、強いものだけを見ていても現実的でなくなるのです。現実の世界を生きていく子どもたちを支えるために、バランスよい支援を工夫していきたいものです。　■

学習指導のコツ

A. 学習方法は一つではない

B. 多様な手がかりを用いる

C. 子どもに合わせた目標設定

Column
コンピュータゲームと子ども

　最近では、携帯型のコンピュータゲーム機を持ち歩く子どもが増えました。携帯型のゲーム機はとても便利で「いつでもどこでも」楽しめるものですが、そこに危険があります。

　携帯型のゲーム機に没頭して遊んでいる子どもたちを観察すると、ほとんど友だちとのやりとりがありません。子どもの集団があるのに、それぞれが一人で遊んでいる「平行遊び」の状態で、協同遊びになっていないのです。ですから、携帯型のゲーム機でいくら遊んでも、子どもの社会性やコミュニケーションの力は育ちません。

　また、コンピュータゲームは刺激が強く、没頭しやすい特徴があります。友だちと一緒にいるのに、みんながコンピュータゲームにハマッてしまうので、かかわりをもたなくなってしまうのです。子どもたちが遊びから多くのことを学んでいくためには、コンピュータゲームに没頭する状態は避けたいものです。　世界保健機関（WHO）は2019年、ICD-11（国際疾病分類）という病気の分類を発表しました。このICD-11では、「ゲーム症」として、ゲーム依存が病気として加えられました。単に発達に悪影響を与えるというだけではなく、場合によっては生活に重大な問題を生じるほどになり、精神科の治療が必要となります。■

第5章

脳機能から理解する
ADHDのある子どもたち

Introduction

ADHDのある子どもたちの困難には、どのような脳機能がかかわっているのでしょう。本章では、ADHDの症状に関連する脳機能について考えてみましょう。

次の項目の中に、いくつ思い当たることがありますか？

1. じっとしていることが苦手で、いろいろ動いているほうが好きだ。
2. 片づけが苦手。必要なものを、どこにやったかわからなくなる。
3. レポートをまとめるのが苦手。言いたいことはあるのだが、うまく整理してまとめられない。
4. 何かをやっているときでも、頭の中で次々にいろいろな考えが浮かぶことがよくある。
5. やってしまった後で「しまった」と思うことがしばしばある。

だれでも、1つや2つは思い当たることがあったのではないでしょうか。でも、こういったことが日常生活で頻繁に起こったらどうでしょうか。日常生活に支障をきたすようになってしまうでしょう。

これは、ADHDのある子どもたちの困難の一部です。この困難の背景には、どのような脳機能が関連しているのでしょう。

1 ADHDとは

1.1 | ADHDは医学用語

　ADHDとは、Attention-Deficit/Hyperactivity Disorder の頭文字をとったものです。アメリカ精神医学会の診断基準であるDSMでは従来「注意欠陥多動性障害」と訳されていましたが、2013年改定の最新版（DSM-5）では「注意欠如・多動症」に変更されています。文部科学省による定義では、「ADHDとは、年齢あるいは発達に不釣り合いな注意力、及び／又は衝動性、多動性を特徴とする行動の障害で、社会的な活動や学業の機能に支障をきたすものである。また、7歳以前に現れ、その状態が継続し、中枢神経系に何らかの要因による機能不全があると推定される」[*1]とされています。日本の法律の多くは、「注意欠陥多動性障害」という旧DSMの訳を使っています。

　DSM-5におけるADHDの基本症状は、「不注意」、「多動性・衝動性」の2つです。これに、12歳以前の発症、2つ以上の状況で症状が存在すること、という条件が付いています。幼児の多く（特に男児）は、多少なりとも活動的ですが、活動的すぎる幼児が、みなADHDというわけではありません。不注意、多動性・衝動性の症状が、発達段階と不釣り合いであり、その症状があるために日常生活において不適応を起こしている場合に、ADHDという診断が必要となります。ADHDは、子どもの約5%、成人の約2.5%に生じるとされています。女性より男性に多くみられ（小児期で2:1、成人期で1.6:1）、女性は主に不注意の特徴を示す傾向があります[*2]。

　不注意、多動性・衝動性の基本症状の現れ方には、いくつかのタイプがあります。多動性や・衝動性が目立つ「多動─衝動性優勢型」、多動・衝動性が目立たず不注意の症状が目立つ「不注意優勢型」不注意、多動性・衝動性のいずれも見られる「混合型」の3つのタイプです。

　ちょっと長くなりますが、不注意、多動性・衝動性とは具体的にどのような

---

*1　「今後の特別支援教育の在り方について（最終報告）」平成15年3月
*2　日本精神神経学会監『DSM-5 精神疾患の診断・統計マニュアル』60-62頁、医学書院、2014年

症状なのか、DSM-5に掲載されているものを紹介します[*3]。

不注意

(a) 学業、仕事、または他の活動中に、しばしば綿密に注意することができない、または不注意な間違いをする。

(b) 課題または遊びの活動中に、しばしば注意を持続することが困難である。

(c) 直接話しかけられたときに、しばしば聞いていないように見える。

(d) しばしば指示に従えず、学業、用事、職場での義務をやり遂げることができない。

(e) 課題や活動を順序立てることがしばしば困難である。

(f) 精神的努力の持続を要する課題に従事することをしばしば避ける、嫌う、またはいやいや行う。

(g) 課題や活動に必要なものをしばしばなくしてしまう。

(h) しばしば外的な刺激によってすぐ気が散ってしまう。

(i) しばしば日々の活動で忘れっぽい。

多動性および衝動性

(a) しばしば手足をそわそわと動かしたりトントン叩いたりする、またはいすの上でもじもじする。

(b) 席についていることが求められる場面でしばしば席を離れる。

(c) 不適切な状況でしばしば走り回ったり高い所へ登ったりする（青年または成人では、落ち着かない感じのみに限られるかもしれない）。

(d) 静かに遊んだり余暇活動につくことがしばしばできない。

(e) しばしば"じっとしていない"、またはまるで"エンジンで動かされているように"行動する。

(f) しばしばしゃべりすぎる。

(g) しばしば質問が終わる前に出し抜いて答え始めてしまう。

(h) しばしば自分の順番を待つことが困難である。

(i) しばしば他人を妨害し、邪魔する（例：会話、ゲーム、または活動に干渉する）。

*3　日本精神神経学会監『DSM-5 精神疾患の診断・統計マニュアル』58〜59頁、医学書院、2014年

1.2 | ADHDと二次的症状

　不注意、多動性・衝動性というADHDの基本症状は、環境調整や教育的な支援がうまくいけば年齢とともに落ち着いていきます。ところが、子どもの中には年齢が上がっても症状が治まらず、かえってひどくなるケースがあります。もともと、ADHDのある子どもは叱責や批判を受けやすいため自尊心が下がりやすく、自尊心が下がることで、さらに行動のコントロールが悪くなり、ますます批判を受けるという悪循環に陥ります（図5-1）。これに加えて、不安定な家庭環境や虐待、学校でのひどいいじめなどの厳しい環境要因や、他の症状の併存があると、重篤な状態になりやすいのです。

　ADHDの併存症状としては、LD、自閉スペクトラム症、気分障害、強迫症、チック症などがあります。二次的な問題としては、対人不信、不登校や非行といったさまざまな問題がおこります。場合によっては、反抗挑発症（ODD）や素行症（CD）などの反社会的行動に発展することもあります。

　ADHDのある子どもの将来の姿については、知的レベルなどの個人的要因だけでなく、不適切な養育やいじめ被害などの傷つき体験などが影響しています。ADHDのある子どもたちの将来の可能性を支えるためにも、自尊心と良好な対人関係を支えていくことが重要です。　■

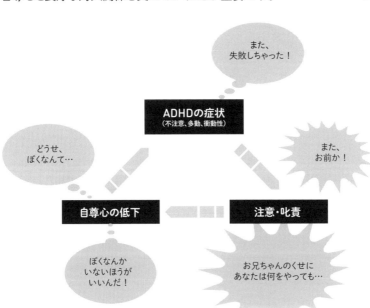

図5-1　ADHDの子どもの陥る悪循環

　ADHDのさまざまな症状は、基本的には行動抑制の障害（コントロールの困難さ）によるものと考えられます。ADHDの症状と脳の機能との関連についてはさまざまな説がありますが、近年、fMRIやMEG、PETといった脳機能を測定する装置が開発され、脳内活動の様子をリアルタイムに観察できるようになったことで、さまざまな研究結果が報告されています。

　キャステラノス（Castellanos）は、ADHDの子どもでは、右前頭前皮質と大脳基底核にある尾状核と淡蒼球、また小脳の虫部が小さくなっていることを発見しました[*4]。この結果は、ADHDの子どもは注意を司る部分そのものが小さくなっていることを意味しています。右前頭前皮質はその人の行動の「編集」、注意を散らさずに我慢すること、そして自意識や時間の意識の発達に関与しています。尾状核と淡蒼球は、反射的な反応を抑えて大脳皮質が注意深く慎重な行動をとるのを助け、さまざまな皮質領域にわたる神経の入力を調節しています。

　また、新しいモデルとして、ADHDの症状と脳内のネットワークの障害の関連を指摘する説が注目されています[*5]。例えば、前頭前野の機能不全に関しても、「前提として適切に活動させるための神経組織の機能不全があるとする考え方[*6]」や「安静時に働く脳のネットワーク（デフォルトモードネットワーク）、実行機能、報酬系の障害とする説[*7]」「トリプルネットワークモデル[*8]」などです。「抑制」の実行機能が弱いと、わかっていても衝動的に行動してしまいます。実行機能の中の「プランニング」が弱いと、計画的に生きることが苦手で、その場しのぎの行動になりがちです。ワーキングメモリ

---

*4　Castellanos F. X., Margulies D. S., Milham M. P., (2008) Cingulate - Precuneus Interactions: A New Locus of Dysfunction in Adult Attention-Deficit/Hyperactivity Disorder, Biological Psychiatry. 63 (3), 332-337.
*5　太田豊作、岸本年史 (2013) 注意欠如・多動性障害における認知機能障害、臨床精神医学、42 (12)、1497-1503
*6　十一元三 (2018) 心の健やかな発達／つまずきと脳、心の科学200、28-33、日本評論社
*7　Sonuga-Barke EJ1, Fairchild G. (2012) Neuroeconomics of attention-deficit/hyperactivity disorder: differential influences of medial, dorsal, and ventral prefrontal brain networks on suboptimal decision making? . Biological Psychiatry . 72 (2). 126-133
*8　Cai W., Chen T., Szegless L., Supekar K., Menon V., (2018) Aberrant Time-varying Cross-Network Interactions in Children with Attention-Deficit/Hyperactivity Disorder and Its Relation to Attention Deficits. Biological Psychiatry: Cognitive Neuroscience and Neuroimaging, (3), 263-273

が弱いと、失敗をすぐに忘れてしまいます。成人のADHDでは、カードロー
ンやギャンブルに安易に手を出してしまうといった問題が起こります。報酬
系の障害があると、将来の成果といった遠い報酬を待つことができません。
将来の成果を待つよりも、目の前の現実に動かされやすく行き当たりばっ
たりの衝動的な行動になってしまうのです。 ■

3 「注意」のメカニズム

3.1 | 注意を向ける、注意しなさい、注意深く取り組む

　いろいろな場面で私たちは、「注意」という言葉を使います。では、「注意」とは、いったい何でしょう。心理学的な定義では「刺激や情報に対して選択的に集中すること」となっています。注意には、随意的注意（意図的に行う注意）と不随意的注意（自分の意図とは無関係に引き付けられてしまう注意）の2種類があります。さらに、心理学的には持続的注意（sustained attention）、選択的注意（selective attention）、分割的注意（divided attention）、予期・期待（anticipation、expectancy）などの分類もあります（川畑、2010）。特に重要なのは、重要な刺激に対して注意を持続する「持続的注意」と、多くの刺激や情報の中から重要な情報に焦点を当てる「選択的注意」でしょう。

　次の写真Aを見てください。草の中にいる動物は何でしょう。考えてみましょう。

　「草の中にいる動物」というのが、どれなのか、一瞬わからなかったのではないでしょうか。たくさんの情報が同時に出されると、どの情報に注意を向けたらよいのかわからなくなります。これは、ADHDのある子どもたちの選択的注意の弱さを視覚的に疑似体験したのです。

　では、写真Bはどうでしょう。草の中にいる動物は何でしょう。今度は、一目でわかりますね。写真Aでは、よけいな情報がたくさん入っていたために、どこを見ればよいのかすぐにわからなかったのですが、よけいな情報を片づけてしまえば、選択的注意が弱くてもわかりやすいのです。

3.2 | 選択的注意とADHD

　ADHDのある子どもたちは、注意を持続することはもちろん、重要な情報を選んで注意を向けることも上手にできません。彼らは、診察室や検査室など、刺激の少ない個別の場面では落ち着いていることが少なくありません。しかし、刺激の多い学校などの集団場面では、さまざまな刺激が入っ

てしまうので、集中が困難になり、不注意、多動・衝動性などの症状が、より激しく現れやすいのです。

　ADHDの子どもは選択的注意の機能が弱いので、たくさんの刺激の中から必要なものを見つけることがうまくできません。また、周囲が騒がしいと背景音と重要な音との弁別が困難で、うまく聞き取れません。

　「注意」の機能についてはワーキングメモリとの関係が深いと考えられています。Baddeleyのワーキングメモリシステムのモデル[第2章参照]*9 は、ADHDの困難さを理解する上で、多くの手がかりを与えてくれます。　■

---

*9　Baddeley, A.:The episodic buffer : a new component of working memory?, Trends in cognitive science, 4, 417-423, 2000.

4　ADHDと薬

　ADHDの薬物療法としては、コンサータ（メチルフェニデート）、ストラテラ（アトモキセチン塩酸塩）、インチュニブ（グァンファシン）、ビバンセ（リスデキサンフェタミンメシル酸塩）などがあります（2020年現在）。薬は一時的に症状を軽くしてくれますが、基本的には、服薬さえしていればよいのではありません。服薬により症状が改善されている間に、教育効果が上げられるようにすることが不可欠です。また、どんな薬にも必ず副作用はあります。主治医と相談の上、子どもの成長にとって最善と思われる選択をする必要があります。

服薬の功罪

　本来、心身が健康的な状態であれば、服薬は必要ありません。誰が考えても、それが一番望ましい状態であることは間違いありません。成長期の子どもに、薬物を長期間使用することについては、成長への影響や副作用、依存の危険性など、これまでにもさまざまな議論がありました。

　しかし、さまざまな困難さをもつ子どもたちとかかわっていると、服薬のメリットが大きいケースがあることも体験します。ADHDのある子どもたちの自尊心は壊れやすく、生活の中で失敗や叱責が重なると、簡単に自暴自棄になってしまいます。「ぼくなんかいないほうがいいんだろ！」何人の子どもたちから、この叫びを聞いたでしょう。こうなってしまうと、二次的な症状が悪化の一途をたどり、さらに自尊心が下がるという悪循環に陥ります。二次的な症状が重くなることで、何種類もの強い薬を服薬せざるを得なくなった子どもも実際に存在します。

　ADHDのある子どもの中には、服薬によって学校生活が劇的に改善されるケースがあります。本来もっている力が発揮できるので、成功体験が増え、自尊心が高くなります。自尊心が高い子どもは、情緒が安定し、簡単にやけを起こさないものです。多少困難な課題に対しても、忍耐強く取り組むこともできるようになります。服薬で症状が改善している間に、適切な教育を行えば、子ども自身が自分をコントロールする力もついてきます。多くの子ども達は、成長にともなって服薬の必要がなくなっていきます。

　私は、薬を飲んだ場合のメリットとデメリット（リスク）、飲まない場合のメ

リットとデメリット（リスク、生活の質を含む）を冷静に検討し、判断するべきだと思います。薬は必要な時期に必要最小限服用し、状態が改善したら服用をやめる、という当たり前の使い方が最も妥当でしょう。薬を怖がりすぎるのも、安易に頼りすぎるのも、どちらも間違いだと思います。

4.1 | メチルフェニデート（コンサータ）

メチルフェニデート（コンサータ）の作用は、ひとことで言うとシナプスでのドーパミン再取り込みの阻害です。ちょっと専門的になりますが、私たちの脳内では、たくさんの神経細胞（ニューロン）がネットワークを作って情報を伝達しています。ニューロン同士は直接接しているのではなく、シナプスという細い隙間を経て接しています。このシナプス部分で、さまざまな伝達物質がやりとりされることで、情報が伝達されていくのです[図5-2]。このやりとりは、伝える側のニューロンから放出された伝達物質が、受け手側のニューロンの受容体と呼ばれる部分に結合することで成立します。受容

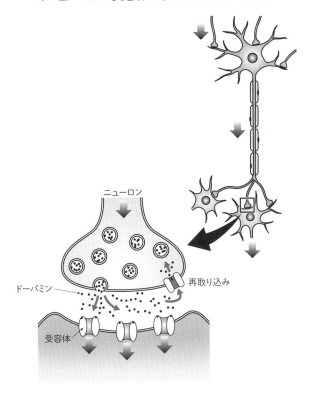

図5-2 シナプスでの伝達物質の受け渡し

体に届かなかった伝達物質は、もとのニューロンに再取り込みされて、再利用されます。この神経伝達物質の一つにドーパミンがあります。メチルフェニデートは、このドーパミンの再取り込みを阻害するのです。ADHDの症状にメチルフェニデートが効くことから、ADHDの症状にはドーパミンが関与していると考えられています。

コンサータはメチルフェニデートを緩やかに長時間効くように加工された錠剤（徐放錠といいます）ですから、必ずその錠剤のまま服用しなければなりません。朝服用すると夕方まで効果が認められるので、学校にいる時間帯にADHDの症状を抑えることができます。ADHDの約8割に効果が見られるといわれていますが、効果には個人差があり、食欲不振や不眠などの副作用が出ることもあります。医師の指示に従って、きちんと服薬しなければいけません。厳重に管理が必要で、登録された医師の登録された患者への処方のみ認められます。現在、ジェネリック（後発）薬も販売されるようになり、薬価が下がりました。

4.2 アトモキセチン塩酸塩（ストラテラ、アトモキセチン）

シナプスでのノルアドレナリン再取り込みを阻害します。覚醒作用がないことから、一般の医師にも処方が認められています。

4.3 グアンファシン（インチュニブ）

交感神経に作用し、過剰な興奮を押さえます。交感神経は運動など活動時に働きます（逆に、睡眠時など安静にしている時には副交感神経が働きます）。交感神経の働きを抑えることで、ADHDの症状を改善するものです。眠気やめまいなどの副作用が出ることがあります。

4.4 リスデキサンフェタミンメシル酸塩（ビバンセ）

ビバンセは、シナプスでのノルアドレナリン再取り込みとドーパミン再取り込みを阻害し分泌を促進する中枢神経刺激薬です。覚醒剤の原料となる成分が含まれていることから、厳重な流通管理の対象となっています。管理システムに登録された医師の登録された患者に対しての処方のみ認められます。

Column
高次脳機能障害

　事故や疾患などのさまざまな原因で脳が損傷を受けると、ダメージを受けた場所や大きさなどによって、言語・思考・記憶・行為・学習・注意などに障害が起こります。この状態を高次脳機能障害といい、その症状は多岐にわたります。

① 記憶障害：新しいことが覚えられない、昔のことが思い出せない、今日の日付や自分のいる場所がわからない、自分のしたことを忘れてしまう、など

② 注意障害：物事に集中できない、うっかりミスが多い、一つのことを始めると、夢中になって他のことに気づかない、など

③ 実行機能障害：自分で計画を立てられない（プランニングの障害）

④ 社会的行動障害などの認知障害：感情や行動をコントロールすることができない、人の気持ちを理解しにくい、など

⑤ 半側空間無視：空間の片側（多くは左側）を見落とす

⑥ 失認：相貌失認（人の顔がわからない）、視覚失認（物を見ても何かわからない）、聴覚失認（語音弁別ができない）

⑦ 失語症

⑧ 失行症

　高次脳機能障害は外見からはわかりにくいため家族から理解されにくく、本人も自覚していないことが多くあります。また、社会生活上いろいろな支障が生じていても、福祉制度の谷間になっており、社会的な支援が受けにくい状況にあります。

　高次脳機能障害のさまざまな症状は、発達障害と重なる部分もあります。それぞれの研究の成果を生かし、患者さんの支援に役立てていく道を探りたいものです。

Column
発達障害とマンガ・アニメ

　故・戸部けいこさんによる「光とともに」は、すぐれた発達障害理解の啓蒙書として、英語版も出版されました。マンガという親しみやすいメディアを用いて、自閉症について客観的な知識をわかりやすく伝えた功績は非常に大きいものでした。発達障害の国際的な学術雑誌であるJournal of Autism and Developmental Disordersにも何度も紹介されました (Keiko Tobe: With the Light: Raising an Autistic Child)。以前、ミネソタ州のトランジションセンターで出会った高機能ASDのある青年は、「『With the Light』を読んで、これは僕のことを描いたマンガだ、と思った」と語ってくれました。当事者である青年からも支持されるすばらしい作品だといえます。

　マンガ (アニメ) は、世界に誇る日本文化です。アニメの世界には発達障害に近いのではないかと思われるキャラクターが登場します。「ドラえもん」ののび太くん、ジャイアンは有名ですが、その他にも傾向があるのではと思われるキャラクターがたくさんいます。

　「NARUTO」に登場するサイは、コミュニケーションが苦手で、本に書いてあることを鵜呑みにします。これはASD的な特性を感じます。ナルト自身も、ADHD的な要素をたくさんもっています。「エヴァンゲリオン」を操縦する少年少女には、それぞれの困難があります。「3月のライオン」に登場するプロ棋士たちは、いずれも何かしら強烈な個性 (見方を変えれば特性?) の持ち主です。個性的 (発達多様性) なキャラクターが生き生きと活躍しています。

　アニメに親和性を感じる発達障害のある子どもたちは、たくさんいます。ヲタク (おたく) 文化は、サブカルチャーとして愛好家も多く、多様性を認める共生社会に向けたキーワードとなるかもしれません。■

第6章

ADHDのある子どもたちへの支援

Introduction

ADHDのある子どもたちの成長を支えるためには、どのような支援を行ったらよいのでしょう。脳機能の特徴をふまえた支援について考えてみましょう。

第5章で、ADHDのある子どもたちの実行機能や注意機能のコントロールの問題について考えました。

・注意機能
・報酬系
・実行機能

それぞれについて、どのような配慮が考えられますか。

最も重要なことですが、ADHDは子どもの一部であってすべてではありません。ADHDがあることで、二次的な問題が生じ、人格にまで影響してしまうことは大きな損失です。
一人の子どもとして、どのように尊重していくことが必要でしょうか。

1 ADHDのある子どもへの教育的支援

　これまで述べてきたADHDの脳機能の特徴をふまえ、教育的支援のあり方について考えてみましょう。繰り返しますがADHDのある子どもへの教育的支援の最大の目標は、二次的な問題の予防です。対人不信等を引き起こさないよう、自尊心と良好な対人関係を支えていくことが第一です。また、注意機能の弱さに配慮した環境調整も重要です。ADHDのある子どもは、環境調整や教育がうまくいくと、個人差はあるものの年齢が上がるとともに基本症状はおさまっていきます。

　そのためには、次のような点に配慮して教育を行っていくようにします。

- 余分な刺激を減らす（環境調整）
- 望ましい行動は増やし望ましくない行動は減らす
- トラブルを起こさない工夫
- 失いやすい自信と意欲を支える手だて
- 基本的な信頼関係と自尊感情を育てる

1.1 余分な刺激を減らす（環境調整）
注意機能への配慮

　ADHDのある子どもは、選択的注意が弱く刺激に反応しやすいので、できるだけ余分な刺激を減らします。目に見えるところにいろいろな物を置かないようにすることはもちろん、学用品などもシンプルで飾りなどのない物を選ぶようにします。片づけが下手なので、机の上が乱雑になりがちで、そのために一層集中できなくなります。机の上の物を一時的に片づける箱などを用意するのもよいでしょう。

　教室は、できるだけ装飾や情報などの刺激が少ないほうが望ましいです（何もない真っ白な壁面がベストです）。ただし、学校にはいろいろな子どもたちがいて、さまざまな教育活動を行っています。子どもの作品を掲示することや、学習に必要な情報を掲示することの教育的価値があるので、一切の掲示物を失くすことは難しいかもしれません。学習の際に最も重要な前

面の黒板とその周囲の掲示物を減らし、シンプルにすることが現実的でしょう。

　座席の位置も重要です。最も余計な刺激が少ないのは一番前の席ですが、他の子どもの様子を見て模倣ができる場合は、2、3番目の席がよいこともあります（ただし、前の席の子どもがモデルになることが必要。周りの席に落ち着きのない子ばかりが集まると逆効果）。窓際は注意がそれやすいので、避けたほうが賢明です。

　指示や説明をするときは、情報を整理して、大事なことや結論を簡潔に伝えるようにしましょう。ADHDのある子どもは、集中時間が短く、ワーキングメモリが弱いので、長い説明では途中でわからなくなってしまいます。ポイントを整理してメモで伝えることは、情報が消えないので彼らの集中とワーキングメモリの弱さを補ってくれます。

1.2 ｜ 望ましい行動は増やし望ましくない行動は減らす
報酬系への配慮

　子どもの生活全体をとらえ、望ましい行動は増やし、望ましくない行動は減らすようなかかわりをします。当たり前のことを言っているようですが、ADHDのある子どもは逆転しやすいのです。というのは、たいがいの場合、離席やかんしゃくなど望ましくない行動のほうが「周囲の注目」という報酬を得やすいからです。落ち着いて学習に参加しているといった望ましい行動は、目立たないので注目されません（報酬が得られない）。この結果、望ましくない行動が増えて、望ましい行動が増えないという状態になりやすいのです。目立たない（落ち着いている）ときにこそ、注目しほめること（報酬）が必要になります。望ましい行動を十分ほめたうえであれば、望ましくない行動に対しては注目しない（反応しない）という指導が効果的になります。

　ADHDのある子どもの関心はすぐに移ってしまうので、望ましい行動に対して、その場ですぐにほめないと効果がありません。これを即時評価といいます。また、ワーキングメモリが弱いので、ほめられてもすぐに忘れてしまいます。望ましい行動を持続するためには、まめにほめることが必要になります。

　さらに、脳の報酬系の障害は将来の成果を待つことを困難にします。目の前の現実に動かされやすいので、目に見える具体的な報酬（ごほうび）を使うことが効果的です。ごほうびといっても特別なものである必要はなく、子どもが喜ぶものなら何でもよいのです。丸をつける、シールや折り紙1

枚などといったちょっとしたものでかまいません。外部からの報酬を得ることで、脳の成長が支えられると、次第に少ない報酬でも望ましい行動が持続できるようになってきます。

　保護者や教員の中には、報酬（ごほうび）に対して心理的に抵抗を感じる方もいるかもしれません。でも、ほとんどの大人は、給料や収入という形の「報酬」を得ているはずです。また、他者から認められる（社会的に承認される）ことも報酬のひとつです。ADHDのある子どもには、目に見える報酬がわかりやすいので、そこから始めます。成長に伴って、報酬の形を変えていけばよいのです。

ほめ方のコツ

A. 目立たない時こそほめる

B. すぐにほめる、まめにほめる

C. 目に見える具体的なごほうびの使用

1.3 ｜ トラブルを起こさない工夫
実行機能への配慮

　ADHDのある子どもは「抑制」の問題のために、しばしばトラブルを起こしてしまいます。しかし、彼らの自尊心は傷つきやすいので、できるだけ叱ることは少なくしたいものです。といっても、「何をやっても叱らない」という意味ではありません。やって良いことと悪いことをはっきりと教えることは、ADHDのある子どもにとって、他の子ども以上に大切です。叱らないですむ場面を増やすための努力が大切なのです。トラブルを起こしてから叱るより、うまくやれるようにするための工夫をしましょう。

　事前に、どう行動するべきかをわかりやすく伝え、見通しがもてるようにしましょう。また、達成できそうな目標を子どもと相談して決めておくことも大切です。

　ADHDのある子どもを言葉の指示だけでコントロールしようとしても、うまくいきません。彼らの行動のほうが早いので、たいがいの場合、怒鳴り声が背中を追いかける事態になりやすいのです。言葉だけでコントロールしようとせず、行動のレベルで調整していくようにすることを心がけましょう。例えば、「走らない！」と怒鳴るよりも、手をつないでしまうほうがうまくいき

ます。「席に座りなさい！」と何度も大声で叱責するよりも、「席に座ります」と指示しながら、手を引くなどして実際に席に座るようにするほうが効果的です。

　ADHDのある子どもにとって、トラブルを避けるための適切な方法を学ぶことは重要です。友だちが遊んでいる場面に乱入する子どもは、「仲間に入れて」と言葉で伝えることを知らないのかもしれません。友だちの持ち物を勝手に使ってしまう子どもは「貸して」と頼めば借りられることを学んでいないのかも知れません。人とうまくかかわるための方法をソーシャルスキルといいます[*1]。適切なソーシャルスキルを身につけることで、うまくやれることが増えるようにしましょう。

1.4 ｜ 失いやすい自信と意欲を支える手だて

　失敗経験が積み重なることで自信や意欲を失うと、ますます適応状態が悪くなります。成功体験を積み重ね、自己肯定感を高めることができるような支援が重要です。そのためには、目標を高くしすぎず、できることから始めることが基本となります。

　達成できそうな目標を子どもと相談して決めておくことは、がんばろうとするモチベーションを高めます。このときに、目標が達成可能なものであること（高すぎないこと）、挽回のチャンスがあることが大切です。例えば、「友だちとけんかをしない」といった目標はどうでしょう。ADHDのある子どもでなくても、すべての子どもにとって、友だちと全くけんかをしないということは難しいのではありませんか。達成不可能な高すぎる目標は、かえってADHDのある子どもの意欲を低下させてしまいます。

　また、一度でもけんかをしてしまった時に挽回のチャンスがないことは、彼らを自暴自棄な気持にさせてしまいます。「学習中は席に着く」といった目標で1時間ごとに評価すると、目標とする行動がわかりやすく、1時間ごとにリセットがあるので、取り組みやすいのです。あるいは、離席してしまっても、その後10分間席に着いていられたらマイナスポイントが消える、というような挽回ルールを作っておくのも一案です。

　あるいは、「自分の気持ちを話す」といった教師が介入しやすい（子どもが言えるように手伝える）目標も取り組みやすいでしょう。

[*1]　第11章 4「社会性を教える」参照

目標設定のコツ
A. 少しがんばれば達成可能な目標であること
B. 目標となる行動がはっきりしていること
C. 挽回のチャンスがあること

1.5 | 基本的な信頼関係と自尊感情を育てる

保護者や教師など、ADHDのある子どもにとって身近な大人が信頼できる存在となることは、最も基本的で最も重要なことです。二次的な問題をもつようになったADHDのある子どもは、周囲の人間すべてを信用できず、敵視しています。そのために、攻撃的な行動をとってしまうのです。

ADHDがあるからといって、何もかもできないわけではありません。大学院など高等教育に進学したり、専門職になったりして活躍している人もたくさんいます。ADHDの症状も見方を変えれば、衝動性は「素早い反応」として、多動性は「行動力」として、不注意は「豊かな発想」として活かせるかもしれません。ADHDのある子どもの自尊心を育てることができるように、子どもに対し誠実に接し、子どもを励まし、努力を認め、必要な支援を行いましょう。 ■

2　コントロール力を育てるために

　ＡＤＨＤのある子どもたちのさまざまな困難さは、前頭葉の機能と深くかかわっています。前頭葉の中でも前頭連合野と呼ばれる部位は、行動の実行のコントロールだけではなく、認知や情動のコントロールにも貢献しています。前頭連合野は、人間の脳の中で完成が最も遅く、20歳前後ともそれ以降ともいわれています。成熟に長期間を必要とするということは、その過程での環境要因や経験などが、神経回路の形成や成熟に大きな影響を与えると考えられるため[2]、小児期の社会環境や教育は重要です[3]。

　教育的には、力ずくで押さえる教育、恐怖で従わせる指導は、一時的に子どもをおとなしくさせることはできても、子ども自身が自分をコントロールする力は育たないといわれています。子ども自身がどうしたいか（モチベーション）、どうするべきか考え（判断）、自分をコントロールしようとすることが重要です。

　前頭葉の機能の中で、注意のコントロールやワーキングメモリの改善は、ＡＤＨＤのある子どもにとって最も困難な最終目標です。環境調整やメモの活用などによって、負担を軽減しながら、少しでもできたところをほめることで成長を支えましょう。また、がんばろうとする気持ち（モチベーション）を支えるのは、自尊心や周囲の人への信頼です。ですから、ＡＤＨＤのある子どもの自尊心を大切にしてください。より良い成長ができれば、ＡＤＨＤの症状である「不注意」「多動」「衝動性」は、必ずしも欠点ではなくなる可能性をもっています。長所と短所は表裏一体。「いろいろなことによく気がつく」「働き者で行動的」「実行力がある」と長所となりますね。　■

---

*2　船橋新太郎（2005）前頭葉の謎を解く、京都大学学術出版会
*3　後藤祐介（2016）認知神経科学から見た前頭葉の発達、認知神経科学、18（2）、p81

コントロール力を育てるコツ

A. 力ずくで抑えるのではなく、どうすべきか子ども自身が考える教育

B. 環境調整やメモの活用など、集中困難やワーキングメモリの弱さへの手だて

C. 自尊心を育てる

6

第7章

脳機能から理解する
自閉スペクトラムのある子どもたち

[1] 基本的理解

自閉症のグループは「スペクトラム」という連続的なものとして理解されるようになりました。自閉スペクトラムには、どのような特徴があるのでしょう。

次の項目に、あなたはいくつ共感できますか？

1. 車の運転を始めた頃、車両感覚に苦労した。あるいは、スキーやスケートをする時、自分の足がどうなっているのかわからなくなる。
2. 激辛カレーをおいしいと思う感覚がわからない。
3. 昔の嫌な体験を何かのきっかけで思い出してつらくなることがある。
4. 予想外のことに頭の中が真っ白になった経験がある。
5. コミュニケーションで大切なのは「言葉」だと思う。

これは、自閉スペクトラムのある人が日頃感じている困難に近いエピソードを取り上げたものです。自閉スペクトラムのある人の体験として、次のような報告があります。

1. スカートをはくと自分の足がなくなる（見えない）のでこわい。
2. ナスは食感がぐちゃっとして気持ち悪い。
3. 何年も前にあった嫌な出来事を、突然、今起きているかのように思い出しつらくなる。
4. 運動会は、普段と予定が変わるので苦痛だ。
5. 「ご飯を食べに行こう」と言われると「おかずは食べないのかな？」と思う。

1は自閉スペクトラムのある人の身体感覚の問題、2は感覚過敏の問題、3はフラッシュバック、4は変化への弱さ、5はコミュニケーションの障害にかかわるものです。
本章では、自閉スペクトラムの診断基準や基本的な特徴について考えてみましょう。

1　自閉スペクトラムとは

▍1.1 ┃ 自閉スペクトラムの概念

　自閉スペクトラム（Autism Spectrum Disorder: ASD）は、イギリスのローナ・ウィングが提唱した自閉症のグループの総称です。「スペクトラム」とは虹のことで、自閉症の症状を虹のようにグラデーションで連続的なものとする考え方です。アメリカの精神医学会の診断基準であるDSM-5では、それまでの「広汎性発達障害」「アスペルガー障害」に変えてASDの考え方を採用しています。日本語の診断名としては、「自閉スペクトラム症」あるいは「自閉症スペクトラム障害」と翻訳されています。

　困難が大きいと自閉スペクトラム症（Autism Spectrum Disorder: ASD）、特性はあるけれども障害というほどの不適応を起こしていない場合は自閉スペクトラム症状（Autism Spectrum Condition: ASC）と使い分けることもあります。Disorder（ディスオーダー）は「不調、異常」といった意味で「障害」のニュアンスがありますが、Condition（コンディション）は、「調子、状態」という意味でネガティブなニュアンスはありません。ASCは私たちの日常によく見られる状態でしょう。自閉スペクトラムの考え方を発展させると、定型発達（自閉症ではない一般的な発達）をしている人たちの中にも、やや自閉症的な特性を感じることはあります。IQが50、51、……119、120、……と連続しているように、人間には境界線を引くことができません。程度の差はあっても、どこかしら重なる部分はあると考えるほうが自然かもしれません。

　本章の表題を「自閉スペクトラム」として、あえて「症」や「障害」を入れなかったのは、ASCもふくめて幅広くとらえたかったからです。日常生活での不適応があり障害として何らかの支援が必要なのが自閉スペクトラム症（Autism Spectrum Disorder: ASD）ですが、日本語の翻訳が多種多様であり、混乱しやすいのです。ここから先はASDの用語を使いたいと思います。

症状の強さ

ASD　　　　　　　　　　　　　　　　　　　ASC（個性）

図7-1 スペクトラムの考え方

ちょっと長くなりますが、DSM-5の診断基準を紹介します*1。

〈自閉スペクトラム症／自閉症スペクトラム障害
Autism Spectrum Disorder：ASD〉

A. 複数の状況で社会的コミュニケーションおよび対人的相互反応における持続的な欠陥があり、現時点または病歴によって、以下により明らかになる。

(1) 相互の対人的‐情緒的関係の欠落で、例えば、対人的に異常な近づき方や通常の会話のやりとりのできないといったものから、興味、情動、または感情を共有することの少なさ、社会的相互反応を開始したり応じたりすることができないことに及ぶ。

(2) 対人的相互反応で非言語的コミュニケーション行動を用いることの欠陥、例えば、まとまりのわるい言語的、非言語的コミュニケーションから、視線を合わせることと身振りの異常、または身振りの理解やその使用の欠陥、顔の表情や非言語的コミュニケーションの完全な欠陥に及ぶ。

(3) 人間関係を発展させ、維持し、それを理解することの欠陥で、例えば、さまざまな社会的状況に合った行動に調整することの困難さから、想像上の遊びを他者と一緒にしたり友人を作ることの困難さ、または仲間に対する興味の欠如に及ぶ。

B. 行動、興味、または活動の限定された反復的な様式で、現在または病歴によって、以下の少なくとも2つにより明らかになる。

(1) 常同的または反復的な身体の運動、物の使用、または会話。

(2) 同一性への固執、習慣への頑なこだわり、または言語的、非言語的な儀式的行動様式

(3) 強度または対象において異常なほど、きわめて限定され執着する興味

(4) 感覚刺激に対する過敏さまたは鈍感さ、または環境の感覚的側面に対する並外れた興味

C. 症状は発達早期に存在していなければならない（しかし社会的要求が能力の限界を超えるまでは症状は完全に明らかにならないかもしれないし、その後の生活で学んだ対処の仕方によって隠されている場合もある）。

D. その症状は、社会的、職業的、または他の重要な領域における現在の機能に臨床的に意味のある障害を引き起こしている。

E. これらの障害は、知的能力障害（知的発達症）または全般的発達遅延ではうまく説明されない。　　　　　　　　　　　　　　　　　■

*1　日本精神神経学会監『DSM-5 精神疾患の診断・統計マニュアル』49 〜 50頁、医学書院、2014年

2 高機能ASDの特徴

　ASDのうち、知的障害をともなわないものを「高機能ASD」といいます。この「知的障害をともなわない」という点について、医学的立場と教育的立場では意見の相違があります。医学的に知的障害と診断される知的水準は「おおむねIQ70に満たない」レベルです。IQ80の自閉症のある人は、医学的には「高機能ASD」と診断されることになります。ところが、教育的にはIQ70 ～ 85程度の知的水準の子どもたちは障害ではないけれども「境界域知能」として、通常の授業で特別な配慮が必要です[*2]。日々の支援を考える上では、教育的判断のほうが現実的な気がします。

　重い知的障害をともなっているASDの場合は、まったく言葉が話せなかったり、エコラリア (Echolalia) と呼ばれるオウム返しがあったりと、社会的コミュニケーションの障害は明らかです。しかし、高機能ASDの場合は、基本的な言語理解や言語表現はできるので、困難が見えにくいのです。

　高機能の場合、症状の現れ方は千差万別です。症状の現れ方が激しく、幼児期から困難さが大きい場合もあれば、穏やかで趣味の世界に没頭している程度の場合もあります。症状の多彩さが高機能ASDをわかりにくくしているともいえます。以下、高機能ASDの場合を中心に説明したいと思います。

2.1 ｜ 社会的コミュニケーションおよび対人的相互反応の障害

　「視線が合いにくい」というのは、ASDのある子どもの発達初期に見られる症状です。高機能であっても、ASDのある子どもの乳幼児期に「人見知りや後追いがなかった」というエピソードはよく見られます。これは、対人認知の弱さがあるためと考えられています。最近では、ASDのある人は生まれつき人に対する関心 (モチベーション) が低いというソーシャルモチベーション理論も注目されています[*3]。

---

*2　第13章 3「知的障害と境界域知能」参照
*3　第12章 4「関係性を基盤とした介入」参照

　初語は、子どもが初めて話すことばのことです。赤ちゃんにとって発音しやすいこともあって、多くの場合は「まま」や「まんま」ですが、たまに「ぱぱ」のこともあります。ASDの赤ちゃんの中には、初語が「2465（車のナンバープレート）」だったり「ひこーき」だったりと、人以外のものや、「最初からきちんとした文で話した」というエピソードが見られることがあります。

　人と共感することが苦手で、「ルール」の本質的な意味や「暗黙の了解」が理解できていないこともよく見られます。思春期頃になると、友人関係で「暗黙の了解」が理解できないことが問題になってきます。その集団を実質的に支配しているのは誰か、集団内での地位の順番はどうなっているか、一般的なルールとそのときのその集団内でのルールの違いなどが理解できないと、対人関係は円滑にいきません。

　例えば、友だちから「学校の帰りにコンビニ寄っていこうよ」と誘われた時に、「校則で、寄り道したらいけないんだよ」と断ったら、次から誘ってもらえなくなるでしょう。しかし、自分は正しいことを言っただけですから、誘ってもらえなくなった理由が理解できず「仲間はずれにされている。いじめられている」といじめ被害を訴える、というようなことが起こります。別の中学生の例では、教師が何人かの生徒を廊下で厳しく叱っている場面で、「向こうの教室に用事があったから」と間を通り抜けようとして、「空気が読めないのか！」と叱られるということがありました。「先生が怒っている場面には近寄らない」という、中学生ならばわかっているはずの暗黙の了解が理解できなかったのです。

　高機能ASDのある子どもは、基本的な会話は可能です。しかし、言外の意味をとらえることが困難なため、意味の取り違えをよくやります。「今日、遊べる？」と聞いたら、「今日はちょっと」という返事。これが3日間続いたら、相手は「自分とは遊びたくないのだ」と察する必要がありますが、文字どおりの理解だと「今日」がダメなのであって、明日、明後日は遊べるだろうと毎日でも聞く、ということになります。「お鍋を見ていてね」と頼んだら焦げるのを「見ていた」、「子どもを見ていてね」と頼んだらいなくなるのを「見ていた」、といったエピソードも見られます。

　また、自分の言いたいことばかり一方的に話すので会話にならない、ということもあります。相手とのやりとりが困難なので、たくさん話すにもかかわらず、会話として成立しないのです。ダジャレを好んだり、独特の言い回しをしたり年齢にそぐわない話し方も、高機能ASDのある人には見られます。

　ゲームなどで自分が勝つことだけにこだわるのは、他人と楽しみを共有することの障害のために勝負の結果以外に楽しみが見出せないのです。

　しかし、高機能ＡＳＤのある子どもは知的な理解力があるので、約束事が目に見える形ではっきりと提示されると、うまくできることが増えていきます。ですから、新しく学ぶことのほうがうまくやれることが多いです。むしろ、みんなが「当たり前」だと思っていることは、わざわざ改めて説明してもらえないので、困難さが目立ちやすいです。ですから、当たり前のことこそ説明が必要だといえるでしょう。

2.2　行動、興味、または活動の限定された反復的な様式

　「興味や関心の偏り」や「こだわり」と呼ばれることもある症状です。高機能ＡＳＤのある子どもの興味や関心は狭いですが、その対象は多岐にわたっています。多いのは、電車や時刻表が好きな子どもですが、その他にも、昆虫、魚、恐竜、植物、歴史上の人物などさまざまです。子どもによっては、マイブームがそのときによって移り変わることも見られます。歴史上の人物名をとてもよく知っているのに、クラスの友だちの名前を覚えていなかったという、興味・関心の偏りを物語るエピソードもあります。

　幼児期の遊び方にも、儀式的なこだわりが見られることがあります。車のおもちゃや積み木をきれいに一列に並べることを繰り返していた、というエピソードはよく聞かれます。おもちゃをおもちゃとして使うのではなく、「並べる」ための部品として使うのが特徴的です。

　また、同じ道を通ることや、物事の手順などに対する関心の偏りは「こだわり」と呼ばれます。換気扇やタイヤなどの「回転するもの」を好み、じっと見つめ続けている、というエピソードもよく見られます。

　DSM-5では、診断基準B「興味や関心の偏り」の症状として、「変化への弱さ」や「感覚の問題」が加わりました。

2.2.1　変化への弱さ

　ASDのある子どもたちにとって「変化」は大変なストレスです。新学期や運動会シーズンは、ASDのある子どもたちにはとてもつらい時期です。新学期は、教室や座席が変わったり、日課が特別日課で普段と違っていたりします。それに加えて、休み明けの生活リズムの変化があります。また、運動会シーズンは、日課の変更が頻繁に起こります。さらに悪いことに、当

日の天候によっても、急な日課変更があったりします。この時期は、登校しぶりやパニックが激増します。

　また、「思春期」には心と体が大きく変化します。この変化もASDのある子どもにとって大きなストレスになります。「思春期」は、ASDのある子どもにとって、大きなハードルです。心理的に混乱が激しい場合は、一時的に薬の力を借りて生活を安定させることも有効です。

2.2.2　感覚の問題

　ASDには、さまざまな感覚の問題が見られることがあります。感覚の問題には、「過敏さ」と「鈍さ」の両方が見られます。多いのは、味覚過敏と聴覚過敏でしょう。

　ASDのある人の中には、極端な偏食が見られることがあります。これは、わがままではなく、味覚過敏や嗅覚過敏などによるものです。定型発達の人にはおいしく感じられる食べ物が、ASDのある人にとっては、「まるで砂を食べているようにざらざら」や「ひりひりするよう」であるなど、たまらなく不快なものに感じられるのです。ちょうど、激辛カレーが好きな人には、食べられない人の味覚が理解できないように、定型発達の人には理解できない特有の味覚があるようです。

　ASDのある人の偏食がわがまま扱いされやすいのは、彼らが少数派で理解されにくいからです。小さい子どもはみんな、わさびやからしが食べられません。それらは、大人にとってはおいしいものですが、敏感な幼児の舌にとっては、ひりひりと痛いものです。だからといって、小さい子どもがわさびを食べられないことを、誰もわがままだとは言いません。大人はみんな、小さい子どもにとってわさびが苦痛であることを知っている（自分もかつてそうだった）ので、「さび抜き」のお寿司を用意してあげるのです。ASDのある子どもの感覚過敏も、同じように考えると理解しやすいと思います。

　時期を見て、子どもにわさび入りのお寿司を食べるチャンスを与えるように、ASDのある子どもにとっても、いろいろな味にふれるチャンスは必要です。ただし、無理やり食べさせる必要はありません。

　聴覚過敏もよく見られます。ちょっとした物音に過敏に反応したり、大きな音が苦手で耳をふさいだりします。聴覚過敏があると、大きな声で話す人が苦手です。学校で、担任の先生とうまくいかない理由が先生の声の大きさだった、というケースもあります。運動会シーズンが苦手である理由のひとつには、ピストルや拡声器の音が苦痛であることもあるでしょう。聴覚

過敏のある子どもには、静かな声で話すようにしてあげると、うまくいくことがあります。運動会などの時は、大きな音が入らない静かな場所を用意したり、ノイズキャンセラーや電子耳栓などの器具を使ったりすることで苦痛を和らげることができます。

その他にも視覚や皮膚感覚、嗅覚などの過敏があります。視覚過敏がある場合は、偏光レンズや遮光レンズなどの特殊なメガネを使用したり、白い用紙ではなく黄色やグレーの用紙に印字したりすると、苦痛が和らぐことがあるようです。皮膚感覚が過敏なASDのある子どもは、化繊やウールの服がダメで、着られる服が決まっていることがあります。理科室のにおいがどうしてもダメで、理科の授業を受けることができなかった子どももいました。

すべてのASDのある人が、同じような感覚過敏をもつわけではありません。感覚過敏が激しくてかなりの配慮が必要な人もいれば、感覚過敏の症状が見られない人もいます。人それぞれに状態は異なります。また、成長に伴って感覚過敏が落ち着いてくるケースもあります。

2.3 その他の特性

2.3.1 ASDのある人のものの見え方

「感覚過敏」とはちょっと異なりますが、ASDのある人はものの見え方も定型発達の人と異なっているようです。一度にとらえられるものの範囲が狭い、ということがあります。視野が狭いのか、単焦点 (シングルフォーカス) であるためにとらえられるものが狭くなるのか、光線や色彩の関係で見えにくいのか、さまざまな可能性が考えられますが、原因ははっきりしていません。

また、ASDのある子どもには、「独特の目つき」が見られることがあります。ものを見るときに正面からではなく、顔を別のほうに向けて、目の端で焦点を合わせるような見方です。彼らの眼球運動を調べると、追視 (目で追うこと) がうまくいかないことがわかります。視線で追いかけると、あるところで目の動きが止まってしまうのです。また、遮光レンズという特殊なレンズの眼鏡をかけると見え方が改善されることがある、などを考えると、単に情報処理だけの問題ではなく、情報入力の段階から何らかの困難さがあるように思われます。

次ページの写真Aは、何の場面に見えますか？　ASD以外の人は、人

間に注意が向くので、「話し合っている場面」や「若者がいる研究室のようなところ」ととらえることができるでしょう。ASDのある人は、このような写真を見たときに、人よりも物に注意が向くことが多いといわれています。

写真Bと写真Cは、写真Aをパソコンで加工したものです。元は同じ写真であるにもかかわらず、見え方がだいぶ違います。写真Bでは、レターパックの周囲だけに焦点が合っていて、他のものは見えていません。写真Cは、光の見え方が違っていて、人の顔よりも、エクスパックや机の上の本の文字、本棚のイラストに描かれている文字など、記号的なもののほうがくっきりと見えます。もしかしたら、ASDのある子どもたちにはこんなふうに見えているから、記号に注意が向くのかもしれません。

2.3.2　ボディイメージの弱さ

狭い通路ですれ違うとき、お互いに身体がぶつからないようにできるのは、自分の身体の大きさがどれぐらいか、手や足がどのあたりの位置にあるか把握できているからです。これを「身体感覚」といいます。ASDのある子どもの中には、身体感覚が著しく悪い子どもがいます。彼らは、他の子どもと「ぶつかった」「足を踏んだ」というような、小さなトラブルをしょっちゅう起こします。しかし、本人は「ぶつかってない」「踏んでない」と思っているのです。これは、身体感覚の悪さによるものです。自動車運転免許をとりたての人が、車両感覚がつかめず、あちこち車をこすっていても気づかないように、ASDのある子どもたちは身体感覚がつかめず、ぶつかっても気づかないことがあります。

2.3.3　フラッシュバック

ずっと以前にあったことなのに、まるで今目の前で起こっているかのように感じるのがフラッシュバックです。フラッシュバックのつらさを訴えるASDのある子どもは少なくありません。彼らを見ていると「上手に忘れられない」のは大変なことだと思います。あまりにフラッシュバックが激しくて苦痛が大きいときは、SSRI（選択的セロトニン再取り込み阻害薬）などの服薬によって症状を和らげることも検討します。

写真A

写真B

写真C

7

第8章

脳機能から理解する
自閉スペクトラムのある子どもたち
[2] 生物学的理解

Introduction

ASDの社会性の障害の背景には、どのような生物学的要因があるのでしょう。

問1. 友人の小学校時代の写真を見た時に、たくさんの子どもの中から友人を見分けられるのはなぜでしょう。

問2. 同窓会などで何十年ぶりに会った友人の顔は、すぐにはわからないことがあります。でも、しばらくすると思い出せるのはなぜでしょう。

近年「顔認証」の技術が進歩し、空港での入国審査やスマホの生体認証にも活用されるようになりました。「顔の目、鼻、口などの特徴点の位置や顔領域の位置や大きさをもとに照合」する技術だそうです（NECのサイトより）。しかし、表情がかわったり横顔になったりすると認識率が落ちるといわれています。
私たちは、通常、横顔でも（人によっては後ろ姿でも）、親しい人を認識することができます。体型が変わり、しわが増え、髪型などは全く違う状態になってしまい、形態上は全く変わってしまっていても「面影」を見つけることができます。その人らしさを見つけるというのは単なる視覚認知ではできません。
本章では、対人認知をはじめとする社会性を支える脳機能について考えてみましょう。

1 「社会性」と「対人認知」のメカニズム

▌1.1 │ 顔の認知

　ASDのある人が人の顔の認知がうまくできないことは、よく知られています。同じ人であっても、髪型や服装、顔の向き、場面が変わると、同じ人として認知することが困難になるのです。ある高機能ASDの少年は、お母さんが自分より先に歩くことをとても嫌がりました。私はずっと「自分が先に行きたいんだろう」と思って見ていましたが、あるとき、彼が本当の理由を教えてくれました。「お母さんが後ろ姿になると別の人に見える」。彼にとっては、「前から見たお母さん」がお母さんであって、「後ろ姿のお母さん」は全く別のものだったのです。

　駅での待ち合わせに苦労したこともあります。「待ち合わせ」の意味として「相手と会う」ことが目的であることは十分理解しているのに、こちらから声をかけるまで気づくことができませんでした。顔が認知できないと、駅のようなたくさんの人がいる中で相手を見つけることは困難だったのです。

　みなさんには下の絵が何に見えますか？

　「（みなさんから見て）右側にある何かを見ている人の目」に見える人がほとんどでしょう。また、「右側に何かある」と、視線の意味を考えたのではないでしょうか。よく見ると、白の楕円と黒の円の組み合わせが2つ並んでいるだけですが、定型発達の人の脳は、こういう情報を見たときに人の目として処理するようになっています。ASDのある子どもは視線の意味がわからないという症状があります。ASDのある人にとっては、この図を見て人の視線として情報処理し「右側に何かある」という意味をとらえることが困難です。

しかし、次のような矢印であれば、ASDのある人にも「矢印のほうに何かある」という意味がとらえられます。

シンボルとして「意味」が抽出されていると、理解できるのだろうと考えられます。

ASDのある人は、同じ人であっても、表情が変わったり髪型が変わったりするとわからなくなるといわれています。次の写真を見てください。上段の2枚の写真は、同じ男性ですが表情が違います。下段の4枚の写真は同じ女性ですが、眼鏡をかけたり、髪型が変わったり、横顔になったりしています。表情が変わったり髪型が変わったりすると、形として認識するものはだいぶ異なりますが、定型発達の人は「同一人物である」と認識できます。

「見ること」「聞くこと」のメカニズムの項でも紹介したように、人の顔の認知には、物体とは異なる情報処理が行われています。顔を見ることについては、側頭葉の紡錘状回や上側頭溝がかかわっています。独自の情報処理をすることによって、人の顔を覚えて判別することが可能になっているのです。

さらに、表情から情動（感情）を読み取るときには、大脳辺縁系の領域が

かかわります。読み取った表情に共鳴するときには、下前頭回弁蓋部^{か ぜんとうかいべんがい ぶ}やミ
ラーニューロンがかかわっています。ASDでは、この神経メカニズムのど
こかがうまくいっていないのだろうと考えられています。いくつかの研究で
は、紡錘状回やミラーニューロンシステムに異常が見られたと報告されてい
ます。

1.2 ミラーニューロンシステム

　人間が他者の意図を理解できるのは、五感から取り込まれた情報を分
析し、過去の記憶と照らし合わせて推論するからだと考えられています。
高度で複雑な行為に対しては、このようなメカニズムが働いていると考えら
れますが、単純な行為については、もっとすばやく理解する仕組みがあり
ます。

　ヒトやサルの脳では、他者が行っている行為を観察するときに反応する
特定のニューロンがあります。まるで、自分が行っているかのように反応し
ているのです。これが「ミラーニューロンシステム」です。ミラーニューロン
システムには、脳の複数の領域がかかわり、他者の意図を理解する基礎
であると考えられています。また、模倣や観察学習にもかかわっている可
能性があると考えられています。

　ラマチャンドラン (V.S. Ramachandran) は、自閉症の症状のいくつかは、こ
のミラーニューロンシステムの機能障害によって説明できるとしています。
自閉症のある人は、脳のいくつかの領域でミラーニューロンの活動が低下
しています。下前頭回（運動前野の一部）でのミラーニューロンの活動低下
が、他者の意図の理解を困難にさせている可能性のほか、島皮質および
前帯状皮質でのミラーニューロンの機能障害が共感の欠如にかかわって
いる可能性が考えられています。

1.3 扁桃体と社会脳^[p.20参照]

　亡くなった患者の脳を解剖することで障害部位を検証する手法を、剖検^{ぼうけん}
といます。これまでの剖検の報告では、ASDのある人には、扁桃体^{へんとうたい}という
基本的な情動をつかさどる部位の異変が認められています。

　近年では、fMRIやPET、MEG、NIRSといった機器の開発により、生きて
活動している状態で脳活動を測定することが可能になり、さまざまなことが

解明されつつあります。ヒトの高次の認知や行動には、複数の脳の部位がネットワークとして機能することが明らかになってきました。fMRIを用いた研究からは、ASDのある人は「社会脳」のネットワークに機能低下が見られることがわかっています。「社会脳システム」とは、多様な対人認知にかかわる脳のシステムの概念です。ミラーニューロン、前頭皮質、上側頭回、扁桃体、前帯状回などの部位が、システムとして対人認知に重要な働きを果たしているという考え方です[図8-1参照]。十一によれば、人の表情を読む（上側頭溝）、ミラーニューロン、人物の顔の把握（紡錘状回）、内省やイメージ形成（内側前頭前野）などの部位は、いずれも扁桃体との機能連関がある部位である、とされています[*1]。

　ASDでは、発達初期から基本的な対人認知や情緒の混乱がみられることとあわせ、扁桃体障害仮説への関心が高まっています。東日本大震災という大きな災害時に、ASDのある子どもの一部は恐怖反応を示さなかったというエピソードなども、扁桃体の問題を感じさせます。[*2]

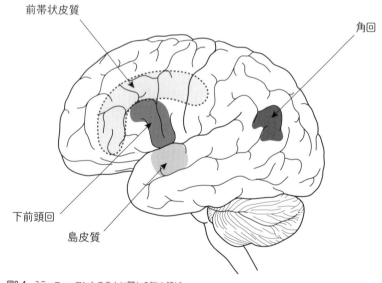

図8-1　ミラーニューロンシステムに関わる脳の領域

（図中ラベル）
前帯状皮質
角回
下前頭回
島皮質

*1　十一元三（2018）心の健やかな発達/つまずきと脳、心の科学200、28-33、日本評論社
*2　鳥居深雪・吉田圭吾（2013）発達障害の子どもたちは東日本大震災をどのように体験したか：震災体験と子どもの回復、児童青年精神医学とその近接領域、54（5）、609-621

1.4 | 愛着とオキシトシン

　子どもの対人関係の発達には、愛着の形成が大きくかかわっています。子どもは、母親など自分にとって重要な意味をもつ他者を「特別な存在」と認識し、心の絆=愛着を形成します。愛着の形成は、情緒の発達、言語の発達、社会性の発達などすべての基本ともいえるもので、乳幼児期の発達の最大の課題といえます。親と安定した愛着が形成できた子どもは、脳の発達も良好であることが報告されています[*3]。愛着に関連して「オキシトシン」というホルモンがあります。オキシトシンは、母親が授乳している時や恋愛をしている時などに分泌されることから「愛着のホルモン」ともいわれています。

　ASDでは愛着の形成に障害がみられることから、オキシトシン点鼻薬を用いた症状の改善が試みられています。2020（令和2）年現在、まだ治験（治療の臨床試験）中で、報告が待たれるところです。■

[*3] Leblanc, E., Degeih, F., Daneault, V., Beauchamp, M. H., Bernier, A., (2017) Attachment Security in Infancy: A Preliminaly Studyof Prospective Links to Brain Morphometry in Late Childhood, Frontiers in Psychology 8, 2141

2 「感情」のメカニズム

　おいしいものを食べたり、気持ちよく眠ったときの快さ、逆に食べ損ねたり、眠れなかったりしたときの不快感、「恐れ」といった原始的な感情を情動といいます。ヒトの情動、価値判断、記憶の中枢は大脳辺縁系と呼ばれる領域です。大脳辺縁系には、扁桃体、帯状回、海馬などがあります*4。本能的な快・不快などの情動には、特に扁桃体がかかわっています。情動は、動物が生き延びていくために必要なもので「動物的な感情」ということもできます。

　動物は、食べ物など自分にとって好ましいものには近づきます。これを接近行動といいます。反対に、自分にとって危険や不快なものなどを見たときには、逃げたり攻撃したりします。これらは回避行動、攻撃行動などと呼ばれます。いじめにあった子どもが学校に行くのを嫌がるのは、この回避行動にあたり、生き物として当然の反応だといえます。

　一方で、「はずかしい」「あこがれる」「いつくしむ」といった、より複雑で高度な感情は人間に特有のもので、大脳皮質の前頭連合野や島皮質が関与しています。生まれたばかりの赤ちゃんは「快、不快」の動物的な情動の状態です。おなかがすくと泣き、お乳をもらっておなかがいっぱいになると満ち足りた表情になります。1歳半ぐらいになって、表象能力が現れる頃になると、照れや罪悪感、誇り、共感といった複雑な情緒が発達してきます。人間の情緒は、生後すぐの身体の状態と結びついた情動から、だんだんと人とのかかわり合いの中で生じる社会的な感情へと複雑化していきます。　■

*4　204頁参照

3　コミュニケーションって難しい

コミュニケーションに必要な能力は、言語だけではありません。コミュニケーションの前提として「共同注意」と「心の理論」の獲得があります[*5]。また、実際の会話では、言語以外の情報でコミュニケーションは変わってきます。

「お母さん、怒ってる?」
「怒ってないわよ」

上のような会話をしているときに、お母さんが子どもの顔を見てにこにこしているのであれば、言葉どおりの意味にとってよいでしょう。しかし、お母さんが子どもの顔を見ようとせず、腕組みをして眉間にしわを寄せながら、大きな声で同じ言葉を言ったらどうでしょう。同じ「怒ってない」という返事であっても、「実は怒っている」というメッセージになります。「怒ってない」という言葉ではなく、「顔を見ない」「腕組み」「眉間のしわ (表情)」「大きな声 (声の調子)」といった非言語性のメッセージを正しく受け取らないと、コミュニケーションとしては失敗してしまいます。言語以上に非言語性の情報が重要なのです。

ダウン症の子どもは、言語の遅れがあっても非言語性のコミュニケーションが上手です。私が出会ったXくんは、ほとんど言葉を話せないダウン症の男の子でしたが、サッカーをするとゴールを指さしてキーパーをやりたいことを訴え、ゴールから指さしとアイコンタクトとかけ声で、他の子どもに指示を飛ばすことができました。それは、言葉がなくてもコミュニケーションがとれるということを子どもから教えられたすばらしい体験でした。

一方で、高機能ASDのある子どもは、言葉は十分に話せるけれども、コミュニケーションの失敗をよくやります。その会話で、相手の注意が何に向いているかを読み損ねる共同注意の失敗や、情報が断片化しやすいことによる文脈の読み違えも見られます。

　例えば、ボウリングゲームで「ドンマイ。気にするな」。この言葉自体は励ましの意味ですが、自分がガターを出した後で9本を倒した友だちに言ったらどうでしょうか。(お前に言われたくないよ)となりませんか。同じように「いいぞ。よくやった！」をスペアの後に3本しか倒せなかった友だちに言ったら、まるで相手のミスを喜んでいるようで、(ケンカ売ってんのか)となってしまいます。言っている言葉自体はすべてポジティブですが、ことごとく前後の状況と合わないのです。

　このように、文脈に合わせて適切な言葉を使用することを「語用論」といいます。ASDのある子どもは、高機能であっても「語用論」の困難が見られます。適切なコミュニケーションのためには、非言語性の情報の処理、共同注意や前後の文脈の理解が欠かせません。それらは、高機能であっても、ASDのある人にとっては苦手なものなので、コミュニケーションを失敗しやすいのです。　　　　　　　　　　　　　　　　　　　　■

4　高機能ASD特有の問題

　高機能ASDの子どもたちは、基本的な対人スキルは獲得できますが、高機能であるために、日常生活でさらに高い社会性を要求されます。知的障害の場合は周囲が許してくれる失敗も、高機能ASDの場合は許されずに批判や攻撃を受けることがしばしばあります。また、子ども自身も、うまくやれていないことはわかるけれども理由が的確に把握できないために、すべてを周囲のせいにして攻撃的になったり、逆にすべてを自分が悪いと考えてうつの状態になったりすることもあります。本人がさまざまな葛藤を抱えやすいことも、高機能ASDに特有の問題です。

　では、高次な対人状況でのさまざまな困難さとは、どのようなものでしょう。具体的に考えてみましょう[表8-1参照]。

　例えば、会話では、みんなの関心はどこに向いているのかという話題の焦点をつかまないと、「浮いて」しまいます（高次の共同注意の困難）。職場の会議などであれば、「誰が」「何に」関心を向けているのかをつかまなければいけません。部長が関心を向けているものと、会議の参加者が関心を向けているもの、どちらを優先すべきなのかの判断が必要です（集団内での相互・順番行動）。よく、「会議の流れ」などといいます。話し合いをしながら、妥当な着地点を探り（社会的感覚）、流れをつかんで（共感性）発言するという相互の交渉などが、対人的な仕事の上では必要になります。このような点での困難さが、高機能ASDでは問題になるのです。

　早期関連症状は、「緊張と情動の調整困難」「注意の問題と多動」「感

表8-1　高次対人状況と関連症状（十―2006を元に筆者が改変）

①一次障害（基本障害）	・高次の共同注意（話題の焦点や注目対象の調整）の困難 ・共感性の乏しさ ・集団内での相互・順番行動の未獲得 ・社会的感覚（常識）の希薄さ
②早期関連症状	・緊張と情動の調整困難 ・注意の問題と多動 ・感覚・知覚と運動の問題
③後期合併症	・気分障害、精神病様症状、強迫性障害、乖離症状
④「二次災害型」問題	・独特の論理で判断

（十―2006を元に筆者が改変）

覚・知覚と運動の問題」として整理することができます。「緊張と情動の調整困難」とは、すぐに緊張がエスカレートしやすいこと、ちょっとした状況の変化で気持ちの変化や不安が起こりやすいことを指します。「注意の問題と多動」とは、ADHDに似た不注意や多動性の症状が見られるケースがあること、「感覚・知覚と運動の問題」とは、感覚過敏や共感覚などの特徴的な知覚、運動の不器用さなどを指します。

　このような一次障害のために、うまくいかないことが重なると、後期の合併症として、気分障害（うつ状態、まれに躁状態）、精神病様症状（被害関係念慮、幻聴、幻視、妄想など）、強迫性障害、乖離症状（二重人格のような意識変化）などが現れる場合があります。また、独特の論理で物事を判断してしまうことによる「二次災害型」問題が起こることもあります。　　　　　■

5 ASDと薬

　ASDのある人では、思春期に大きな困難を示すことが多く、一時的に薬の力を借りて乗り切ることを勧めることがあります。2020年現在、アリピプラゾールがASDの適用薬として処方されています。ASDのある人に処方されることの多い薬剤は下記の通りです。ジェネリック（後発）医薬品が認められているものもあります。ADHDが併存している場合は、ADHDの症状に対する薬「p.74参照」も処方されることがあります。

　ASDのある人への処方は少量処方が勧められています。

5.1 　アリピプラゾール（エビリファイ、アリピプラゾール）

　ドーパミン受容体やセロトニン受容体に採用し、ASDのある人の易刺激性（刺激への反応しやすさ）に有効だといわれています。副作用としては不眠などがあげられています。ジェネリック医薬品（アリピプラゾール）があります。

5.2 　SSRI（選択的セロトニン再取り込み阻害薬：デプロメール、ルボックス、パキシル、ジェイゾロフト）

　セロトニン再取り込みに作用する抗うつ薬です。ASDのある人のフラッシュバックに対して処方されることがあります。

5.3 　メラトニン、ラメルテオン（ロゼレム）

　生体リズムに作用するホルモンです。睡眠障害があるときに処方されることがあります。アメリカではメラトニンはサプリメント扱いで、一般のドラッグストアで棚に陳列されています。日本ではメラトニンは市販されていません。薬物のラメルテオンは、医師の診断により処方されます。

5.4 　リスペリドン（リスパダール、リスペリドン）

　ASDのある人の易刺激性（刺激への反応しやすさ）に有効だと言われていま

す。ジェネリック医薬品 (リスペリドン) があります。混乱がひどくなった時の
頓服として処方されることもあります。■

8

6 遺伝的要因と環境的要因

　Broader Autism Phenotype（BAP）、「幅広い自閉症の表現型」（フェノタイプ）とは、ASDの診断はつかないけれども、類似の特性をもっていることをいいます。双生児では、高率でASDあるいはBAPが見られること、また、ASDのある人の家族にもBAPが見られることから、何らかの遺伝的要因があると考えられています。

　しかし、現時点で原因遺伝子は特定できていないため、単純なものではなく環境的要因も含むさまざまな要因が複雑に関与してASDが発現するものと思われます[*6]。例えば、大気汚染物質や農薬などの影響が報告されています。妊娠中の飲酒や喫煙については影響を指摘する報告もありますが、明らかではありません。反面、妊娠中に葉酸やオメガ3などの脂肪酸を摂取するとASDの出生率が下がるという報告もありますが、慎重に検討する必要があります[*7]。

　欧米では、原因遺伝子（FMR1）が特定されている脆弱X症候群（FXS）の研究が活発に行われています。FXSは、X染色体の異常が原因で知的障害と自閉症が生じることが解明されています。遺伝子検査でFXSを特定することができるので、症状の原因や治療法の開発などの研究が進んでいます。

　鳥居研究室のWeb上でFXSに関する情報や「脆弱X症候群のある子どものための教育ガイドライン」を提供しています[*8]。関心のある方はご参照ください。　　　　　　　　　　　　　　　　　　　　　　　　　　■

*6　神保恵理子、桃井真理子（2015）発達障害における遺伝性要因（先天性素因）について、脳と発達、47、215-219
　　Bourgeron, T.、(2016). Current knowledge on the genetics of autism and propositions for future research. Computes Rendus Biologies. 339, 300-307.
*7　Bolte, S., Gildrer, S., Marschik, P. B., (2019). The contribution of environmental exposure to the etiology of autism spectrum disorder. Cellular and Molecular Life Sciences. 76 (7), 1275-1297
*8　http://www2.kobe-u.ac.jp/~snowbird/FXS.html

Column
AIと人の想い

近年のAI技術の進歩には目を見張るものがあります。ほとんどのことはAIによって実行できるようになりました。2019年には「AI美空ひばり」が登場し新曲を歌ったことが話題になりました。「AI美空ひばり」については、「すごい」という声もあれば「違和感を感じる」という声もあります。

私の感想は「うまくコピーしたな」でした。声質や歌い方のクセなど個人のデータを分析して、かなりうまく似せています。でも「違う」のです。この「違和感」の正体は何でしょう。

私は、「想い」や「魂」と呼ばれるものではないかと思っています。生前の「美空ひばり」さんの歌には「すごみ」がありました。私は、彼女のファンというわけではなかったのですが、それでもなぜか彼女の歌を聞いた瞬間に涙があふれた、という体験をしています。それはきっと「データ」という数字にならない彼女の人生の喜びやつらさ、ままならさといった多くの想い、歌手の「魂」ともいうものがあったからではないかと思うのです。

2019年に大ヒットしたアニメに「鬼滅の刃」があります。この、マンガの中では多くのことが語られているのですが、そのひとつに「ひとの想いは永遠」ということがあります。どんなにテクノロジーが進歩しても、「想い」はひとだけのものです。

ひるがえって、教育の世界で「STEM教育」に注目が集まりました。STEMとはScience、Technology、Engineering、Mathematicsの頭文字をとったもので、理系重視の教育です。最近、これにArtが加わりSTEAM教育となりました。芸術、創造性といったものは、技術による再現ができない領域だからでしょう。AIをひとの幸福のために役立てようとするのも、ひとの想いです。

科学技術の時代だからこそ、ひとにしかないものを大事にしなければいけません。多様な子どもたちの発達を支える、ということは、そこに「子どもへの想い」がなければいけません。発達多様性を前提とした社会を創造していこう、という意思もひとの想いです。

未来は、もしかしたら美しいばかりではないかもしれない。COVID-19のような苦難に直面するかもしれない。だからこそ、想いを大事にして次代を担う子どもたちにつないでいきたいと想うのです。■

第9章

脳機能から理解する
自閉スペクトラムのある子どもたち

[3] 心理学的理解

Introduction

ASDの症状については、心理学の領域からもいくつかの仮説が示されています。主要な心理学的仮説について紹介します

ASDのある人の困難の背景を説明する主要な仮説には、「心の理論」障害仮説、実行機能障害仮説、弱い中枢性統合仮説などがあります。近年の流れとして、一つの心理学的仮説で説明するのではなく、三つの仮説が相互に関連しあっている、という考え方になりつつあります[図9-1]。さらに、近年注目されているものとして、ソーシャルモチベーション理論もあります。
本章では、これらの心理学的仮説について考えてみましょう。

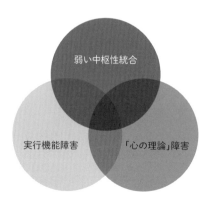

図9-1　関連する三つの仮説

1 「心の理論」障害仮説

1.1 共同注意の概念

　自閉症などの特異な発達ではなく、一般的な発達のことを定型発達
(Typically development:TD) といいます。社会性の発達初期には「共同注意
(Joint Attention)」の獲得があります。

　共同注意とは「他者と注意を共有する能力」です。共同注意は、定型発
達では生後10か月頃から1歳過ぎにかけて発達していきます[表9-1]。1歳
前後の乳幼児は、見てほしいものがあると「あ! あ!」と指さしで伝えようと
します。また、「ほら、電車を見てごらん」と指さすと、そちらに目を向けるこ
とができます。指さす方向に何かがある、という相手の意図を理解してい
るのです。これが「共同注意」です。

表9-1　共同注意行動(坂上、2014)を改変

行動	概要
視線の追従	他者の視線の先にある対象に視線を向ける
社会的参照	不確かな状況で、大人の表情や反応を見て、次の行動を選択する
ショウイング	自分が手にしたものを他者に差し出して見せる
ギビング	他者に物を差し出して渡す
要求の指さし	自分が欲しいものを指さして知らせる
叙述の指さし	関心を共有するための指さし
応答の指さし	「〜はどれ?」に指さしで答える

(坂上、2014を改変)

図9-2　共同注意と3項関係の理解

共同注意は、3項関係の獲得として言語発達の前提にもなっています。相手が注意を向けているものに、赤ちゃんが注意を向けた状態で「りんご」と聞くことで、ものと名称がつながっていくのです。言語発達の遅れが見られるのも、共同注意の獲得の問題と関連しています。視線の意味をうまく理解できないのも、共同注意の獲得がうまくいっていないためです。ASDのある子どもは、この共同注意の獲得が困難です。

1.2 「心の理論」の獲得とASD

社会性の発達の次の段階として、「心の理論（Theory of Mind:ToM）」の獲得があります。「心の理論」とは、「他者の心の状態を理解する」能力ということができます。この「他者の心の状態を思い描く過程」はメンタライジング（心理化）という用語でも説明されています。メンタライジングには、前頭前野がかかわっています[*1]。

「心の理論」の有名な課題として「サリーとアンの課題（誤信念課題）」[図9-3]があります[*2]。2歳ぐらいの幼児は、全部を知っている自分の視点から「アンの箱」と答えてしまいます。定型発達（一般的な発達）の4歳児は、「サリーは知らないからかごの中を探す」と答えることができるようになります。そのため、以前は「心の理論」の獲得は4歳、と考えられていました。近年、視線などを用いたさまざまな実験により、1歳台の赤ちゃんも「心の理論」を理解していることがわかってきました。

「サリーとアンの課題」を通過するためには、「心の理論」だけでなく言語や実行機能なども必要なので、それらの能力がほぼそろうのが4歳である、という理解に変わってきています。

ASDのある子どもは、高機能であっても「サリーとアンの課題」を通過する年齢が遅れることから、「心の理論」の障害があるために、社会性の障害を生じると考えられていました。高機能ASDの場合は、「サリーとアンの課題」を通過する人もいますが、相手を欺くことになると、もっと高次の「心の理論」が必要になります。

高次の「心の理論」課題としては「うさぎとオオカミ課題」があります[図9-4]。高機能であってもASDの場合は、うさぎとオオカミ課題で、オオ

*1 Frith、U. C.、Frith、U.、(2006). The Neural Basis of Mentalizing. Neuron. 50(4). 531-534
*2 The original Sally-Anne cartoon used in the test by Baron-Cohen、Leslie and Frith (1985)

① サリーはかごを、アンは箱を持っています。

② サリーはビー玉を自分のかごに入れました。その後、サリーは散歩に行きました。

③ サリーがいない間に、アンはサリーのビー玉をかごから出すと、自分の箱に入れました。

④ さて、サリーが帰ってきて、自分のビー玉で遊びたいと思いました。
　　質問：サリーがビー玉を探すのはどこでしょう。

図9-3　サリーとアンの課題

カミにうそをつくことは困難で、「鍵は壊れてるよ」と本当のことを答えてしまうのです。高機能の場合は、直観的に他者の心の状態を理解することは困難でも、成長する過程で独自の方略を獲得して、ある程度他者の意図をくむことができるようになる人もいます。

　「心の理論」障害仮説は、他者の意図をくむことの困難は説明できるのですが、その他の症状を説明することができません。　　　　　　　　　■

うさぎは友達ですが、オオカミは悪者です。

① この箱の鍵は、実は壊れています。

② うさぎが来て「この箱には鍵がかかっているの?」と聞きました。

うさぎに何と答えますか?

③ 次にオオカミが来て「この箱には鍵がかかっているの?」と聞きました。

オオカミに何と答えますか?

図9-4　うさぎとオオカミの課題

2 実行機能障害仮説

　第2章で「実行機能」について解説しました。実行機能は、「目標を達成するために、思考、行動、情動を制御する能力」[*3]です。実行機能は日常生活を円滑に行っていくために重要な役割を果たしています。実行機能の障害はADHDやASDなどの発達障害だけでなく、認知症などにも見られます。

　ASDでは、困難さを示すのは実行機能の中の思考の柔軟性（シフティング、切り替え）やプランニングなどであると考えられてきました[*4]。思考の柔軟性は、「予期的構え」や「セットの転換」などと表現されることもあります。状況を予測して備えておくこと、また、変化に対して自分の予期していた構え（枠組み）を切り替えていくことなどは、ASDにとって苦手なところです。それがうまくできないために、ASDの症状である「こだわり」や「変化への弱さ」が生じている、というのが実行機能障害仮説の考え方です。

　最近では、ASDの反復行動を実行機能の中の「抑制」の障害としてとらえる見方もあります。しかし、他方では「抑制」を評価するStroop課題の成績がASDでは定型発達児と等しいことから、「抑制」の障害はないとする立場もあり、見解は一致していません。

　ワーキングメモリについては、さまざまな見解があります。そもそも実行機能の一部とする立場と、実行機能の周辺で関連して機能するという立場があるのです。さらに、ASDのある人のワーキングメモリについて、強いという説と弱いという説、全く正反対の見解が両方あるのです。これは大変興味深いことです。ASDのある子どもは、無意味記憶が強いといわれています。また、ASDの中には視覚的な記憶が大変強い人もいます。

　私は、「抑制」にしろ「ワーキングメモリ」にしろ、正反対の見解があるということは、その機能の中のある部分は大変強いけれども、ある部分は大変弱い、つまり偏りがあるということを意味しているのではないかと考えて

---

*3　森口佑介 (2019) 実行機能の発達の脳内機構、発達心理学研究、30（4）、202-207
*4　Ozonoff, S., Pennington, B., Rogers, S., (1991) Executive Function Deficits in High-Functioning Autistic Individuals: Relationship to Theory of Mind, The Journal of Child Psychology and Psychiatry. 32 (7), 1081-1105.

います。いずれにしても、今後の研究の発展によって明らかにされていく
でしょう。　　　　　　　　　　　　　　　　　　　　　　　　　　　■

3 弱い中枢性統合仮説

　弱い中枢性統合 (Weak Central Coherence: WCC) とは、ASDのある人に見られる「部分から全体をとらえる力の弱さ」を説明しようとする仮説です (Frith、1989)。ASDのある人は、「背景にあるさまざまな情報を無視して、部分に着目する」という特徴的な情報処理をしており、埋没図形テストやウェクスラー系の知能検査の「積木模様」で高い得点を取ることが知られています。全体的な状況や文脈をとらえないという視点ではASDの弱さととらえられますが、背景に左右されず対象のみを認識できる (場独立) という視点からは強みと考えることもできます。

　高機能ASDの場合、言語は十分に獲得できているにもかかわらず、コミュニケーションがうまくいかないということが見られます。これは、文脈をとらえられないために、状況にあった言語表現が困難になる、という語用論の問題があるからです。皮肉や嫌みが難しいのも文脈がとらえられず、言語のみで理解してしまうため、と考えることができます。また、細部に「こだわる」あまり、話が冗長になり何が言いたいのかわからなかったり、与えられた時間内に達成できなかったりすることも見られます。

　情報が断片化してしまうと、因果関係をとらえられず日常生活で多くの誤解が生じます。前章で紹介したボウリングの場面での会話も、文脈の読み間違いでした。一つひとつは正しいものの、一連の流れとしては誤りになってしまうのです。　■

4 ソーシャルモチベーション理論

　英語のsocialには、「社会的」「対人的」といった意味があります。日本人の感覚では、「社会的」というと外 (ソト：ウチ (家) のソト)、「対人的」というと、きわめて個人的な関係の意味合いになってしまいます。しかし、英語のソーシャルには、自分を取り巻く外界との関係性全体を包含したニュアンスがあります。個人主義の欧米と、家族的なアジア文化との違いが言語にも反映しています。

　ソーシャルモチベーションというのは、自分を取り巻く外界の対人的なかかわりに対するモチベーション (動機づけ) です。行動レベルでは、対人志向、探索と嗜好、社会的維持などに対する関心、意欲といってもよいでしょう。脳の部位としては、扁桃体や腹側線条体、前頭前野などがネットワークとしてモチベーションに関与します[*5]。

- Social orienting (対人志向) ……対人的なシグナル (表情、視線等) に優先的に注意を向ける。
- Seeking and liking (対人的探索と好み) ……対人的な世界に価値を見出すこと。対人関係自体がモチベーションとなる。幼児は協調することを好む。
- Social maintaining (対人関係維持) ……長期間他者とかかわりたいという願望。

　定型発達の子どもは、生後すぐから物よりも人に反応します。対人的なシグナル (表情、視線等) に優先的に注意を向けます。有名なファンツの実験[図9-5]では、生後間もない時期から、赤ちゃんは人の顔にもっとも視線を向けることが明らかになっています[*6]。他の動物と違い、人間の赤ちゃんは人の養育なしには生命すら維持できない無力な存在として生まれます。赤ちゃんが人に対してモチベーションをもつのは、生きるために必須の能力

---

*5　Chevallier,C., Kohls,, G., Troiani, V., Brodkin, E.S., Schultz、R.T. (2013) The Social Motivation Theory of Autism. Trends Cognitive Science、16 (4) : 231-239
*6　Fantz, R. L. (1961). The origin of form perception. Scientific American、204 (5), 66-72.

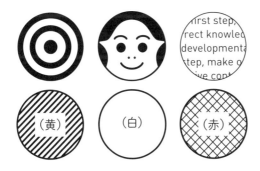

図9-5　ファンツの実験

ともいえます。

　赤ちゃんにとって、人とかかわる世界は価値のあるものであり、身近な大人が自分にかかわってくれること自体が、報酬になります。お腹がすいて泣けば、養育者がミルクを与えてくれます。おむつが濡れて気持ちが悪くて泣けば、養育者がおむつを替えて快適にしてくれます。抱いてもらいたくて泣くこともあります。わんわん泣いていた乳幼児が、母親や父親に抱かれたとたんに泣き止む場面は当たり前のように見受けられます。

　ソーシャルモチベーションに関わる脳機能は、扁桃体、線条体、前頭眼窩野などを中心としたネットワークです。特に扁桃体は視線や顔など対人的な情報に注意を向ける重要な役割を果たしています[*5]。

　一方、ASDのある赤ちゃんはどうでしょう。乳幼児期、手がかからなかった、あるいは手がかかって大変だった、という両方の声を聴きます。手がかからなかった、というのは、大人にかかわってほしがらなかった、ほとんど泣かないので手がかからなかった、ということです。

　逆に、手がかかって大変だったというのは、泣いてばかりいて、主たる養育者（多くの場合は母ですが父や祖父母の場合もあります）がなだめても泣き止まなかった、という状態でしょう。これはおそらく、出生直後から感覚過敏の症状があったために、赤ちゃんにとって外界が苦痛に満ちていたのかもしれません。また、愛着の形成がうまくいかないために、主たる養育者があやしても安定しなかったものと思われます。

　このように、定型発達の子どもには当たり前にみられる他者に対するモチベーションが、ASDの場合は極端に低下していると考えるのが、ソーシャルモチベーション仮説です。ASDのある赤ちゃんに見られる、視線が合わないという症状も、ソーシャルモチベーションが低いからということで説明

がつきます。

　この立場から考えると、ASDのある赤ちゃんの発達を支えるためには、人への関心が持てるようなかかわりが重要になります。これが、第12章で解説する「関係性を基盤とした介入」の根拠となります。　　　　　　　　　■

第10章

ASDのある子どもたちへの支援

[1] 基本的な考え方

Introduction

ASDの症状の背景には、さまざまな生物学的要因、心理学的要因が関係しています。それらをふまえた支援のあり方について考えてみましょう

次の例について、ASDの生物学的要因、心理学的要因に合っているものには○、合わないものには×、ケースバイケースのものには△をつけてみましょう

No.	支援	判断
1	「うるさくて教室にいられない」という児童のために、いすの足に緩衝材をつけた。	
2	友だちを泣かせてしまった児童に、相手の気持ちを考えるようさとした。	
3	昆虫探しに夢中で、授業中教室に入らない児童をそのまま見守った。	
4	授業が始まっても読書をやめない生徒に、授業に参加するよう指導した。	
5	極端な偏食がある幼児に、いろいろなものを食べるようにがんばらせた。	
6	高校生の通級による指導で礼儀正しいふるまい方を教えた。	
7	取りかかりが悪い生徒に「あと5分で始めよう」と予告した。	
8	書くことに時間がかかる生徒に、板書の写真撮影を許可した。	
9	生徒が困らないように、前もって環境を全て整えるようにしている。	
10	不適切な行動に対して、周りの生徒に我慢するよう指導した。	

1:　○ 感覚過敏への配慮として適切です
2:　×（「心の理論」障害に対し「相手の気持ちを考える」というさとし方ではなく、具体的にどう行動することがよいのかを教える必要があります）
3:　×（見守るだけでは学校生活のルールが理解できません。）
4:　△（まず学校生活のルールを具体的に教えた上での指導かどうかによります）
5:　×（感覚の問題に対し、特に幼児期は好き嫌いなく食べることよりも楽しく食べることを優先するべきです）
6〜8:　○ 必要な指導や配慮を行っている例です
9:　△「全て整える」ことは必ずしもよいことではありません（中学・高校の生徒であれば、本人がその支援を求めているかどうか意思の確認と同時に自己理解を図る必要があります）
10:　×（不適切な行動に対しては、きちんと教えることが必要で、周囲の生徒に我慢をさせることは理解につながらず、かえって拒否感を強めることになります）

本章では、ASDの生物学的要因、心理学的要因をふまえた支援について考えましょう。

1　高機能ASDへの支援の基本

1.1 ┃ 知的水準が高いから特別な支援はいらない？

　ASDは社会生活の基本である対人関係の障害です。人間が社会を作って生きる生物である以上、対人関係の全く必要ない生活はあり得ません。幼児期〜思春期〜成人後で困難さの形や質、程度が変わることがあっても、生涯にわたって困難は続くと考えてよいでしょう。

　高機能ASDでありながら、社会的に活躍している人はたくさんいますが、彼らは定型発達の人に比べて大きな苦労と努力を重ねているのです。高機能ASDのある子どもたちへの支援を考えるとき、LDやADHDよりも、丁寧かつ長期的な支援が必要であることを忘れてはいけません。

　ASDとしての症状の水準と知的機能の水準は、別のものです。知的障害と軽度のASDがある場合は、知的障害を基本としたアプローチでうまくいくこともありますが、ASDの症状が重い場合は、一般的な知的障害に対する支援ではうまくいかないことが多いのです。知的障害を伴うASDについては、第13章で取り上げたいと思います。本章では、高機能ASDを中心に考えます。

1.2 ┃ 高機能であるがゆえの「難しさ」

　高機能ASDに特有の問題が生じることは前章でも述べました。高機能なので、できることもたくさんあり、見ただけでは困難さがわからないことがあります。そのため、周囲から要求されることのレベルも高くなります。ASDがあると、独特の情報のとらえ方や処理の仕方があるので、定型発達の人との対人場面で違和感が生じることがあります。学校などでは、定型発達の人の基準で生活がまわっているので、なおさらです。うまくいかないことの原因を周囲に帰属させれば攻撃的になり、自分自身に向ければうつ状態になります。

　例えば、好きな異性に対してつきまとって問題になることがあります。「心の理論」の障害があると、相手が思っていることと自分が思っていることは

別である、という理解が難しいことがあります。「相手の子が嫌がっている」と伝えても「自分がこんなに好きなのだから、相手も同じである」と思っていれば、納得しません。また、相手が「また今度」などと婉曲的な言い回しで拒絶の意思をはっきり伝えなければ、嫌がっていることが理解できません。中枢性統合の弱さのために情報が断片化しやすいので、気づかないこともあります。あるいは、実行機能の障害のために、関心が固着化してしまうこともあります。高機能の人は、移動手段やインターネットなどの通信手段を利用できるので、いろいろなことが可能です。悪意ではなく「わからない」ために起こっているということが、周囲に理解されません。結果的にうまくいかないことが重なれば、本人の傷つき体験になり、自尊感情も下がります。高機能であるがゆえの「難しさ」を理解する必要があります。　　■

2 高機能ASDへの教育的支援

ASDのある子どもへの支援は、次の5つの柱で考えるとよいでしょう。

1. 関係性を育てる。ASDのある人の世界を尊重する（興味・関心を大事にする）
2. 見通しがもてるように、情報をわかりやすくする
   認知の偏りへの支援：情報の視覚化と整理、シンボルの使用、肯定的な表現
   環境調整（余計な刺激を減らす、構造化）
3. 感覚の問題や併存症状への配慮をする
4. 望ましい行動は増やし望ましくない行動は減らす
   適応的な行動を教えることで生活を安定させる
5. トラブルを起こさない工夫をする

2.1 | 関係性を育てる。ASDのある人の世界を尊重する

近年、ASDのある子どもへの支援方法では「関係性」が重視されるようになっています。関係性を重視した支援方法については、第12章で詳しく解説します。

2.1.1 ASDのある人の世界を尊重する：
本人が日常感じている生きづらさの理解

ASDのある子どもたちは、日常生活を送るために大変な苦労と努力を必要とします。日本の高機能ASD者として有名なニキ・リンコさんの言葉を借りれば、「定型発達の人がオートマチックでできることを、すべてマニュアルでやっている」ようなものだそうです[*1]。それにもかかわらずうまくやれないことが多く、努力に見合った結果になっていません。

友だちとの関係では、人とのかかわりを求めない子どももいますが、友だちがほしいのにうまくやれずに悩んでいる子どものほうが、はるかにたくさ

---

*1 ニキ・リンコ、藤家寛子（2004）自閉っ子、こういう風にできてます！、花風社

んいます。仲良くしたいのに、どうしてうまくやれないのかわからないので苦しいのです。不登校になる子どもも少なくありません。

　学校教育で教えることは、基本的には「タテマエ」です。しかし、実際の生活は「タテマエ」だけでは成り立ちません。「ホンネ」の部分も必要なのです。この二重構造が、ASDのある子どもたちにはわかりにくいのです。彼らは、道徳の授業で教わったとおりに生きようとして、より困難な状況に追い込まれてしまいます。

　中学生のゆりさんは、同じクラスにどうしても苦手な同級生がいました。ゆりさんが静かに本を読んでいるときに、「それ貸して」といきなり取っていくのです。それが嫌でたまらず、先生に相談しましたが、先生の答えは「みんなと仲良くしなさい」でした。みんなと仲良くしなければいけない、けれども、自分はどうしても嫌。逃げることも思いつかず、とうとう学校に行けなくなりました。私は彼女に「逃げていい」「自分を守りなさい」と話しました。ゆりさんは、「学校の先生は仲良くしなさいと言いました！」と、先生に言われたことにしばられてがんじがらめになっていました。私は、自分を守ることは権利であること、争うことは良くないかもしれないけれど、避難することは問題がない、ということを説明しました。彼女はその後、登校できるようになりました。

　定型発達の中学生であれば、「学校の先生はそう言うけどさ。そんなのやってらんないよね」というタテマエとホンネの使い分けを、当たり前のようにやっています。しかし、高機能ASDのある子どもは、その二重構造がわかりません。ですから、ホンネの部分も含めて説明する必要があります。

　中・高校生ぐらいになると、友だち関係でうまくいかないことで、「あなたが努力しないから、友だちとうまくやれない」「相手のことを考えてあげなさい」と、教師から批判されていることがあります。ASDの子どもは「努力していない」のでも「思いやりがない」のでもなく、「わからない」のです。何が問題だったのか、どう行動すればよいのか理解できるように教えてほしいのです。

　ASDのある人には、独特の感じ方や理解の仕方があります。「どうして、あなたはそう考えるんだ」と感情的に批判することには意味がありません。独特の感じ方や理解の仕方の中に誤解がある場合は、彼らの感じ方を尊重し日常感じている生きづらさを理解した上で、論理的に検討するほうが建設的です。

　自分だけが批判される、と感じている子どもは多いのですが、一般論とし

て「世の中はそういう仕組みになっているんだよ」「AさんやBくんもそうなんだよ」と説明すると、あっさり納得することも多いようです。

2.2 見通しがもてるように情報をわかりやすくする

ASDに特有の認知の偏りや情報処理スタイルへの配慮として「視覚的な手がかり」があります。情報を視覚化することの意味は、単に「見せる」というだけではありません。文字情報や図表は、音声言語と異なり瞬時に消えることがありません。その場に情報がとどまっているので、処理速度につまずきがあるASDのある人でも、自分の方略で情報処理をすることができます。

写真のような情報量が多いものを使うと、本質ではなく細部の情報に反応してしまうことがあります。むしろ、シンボルを用いるほうが、情報が整理されており、意味の取り違えは起こりにくいように思います。最近は、ピクトサインと呼ばれるシンボルを街で見かけることが増えました。ユニバーサルデザイン（UD）といって、多様な人々にわかりやすく住みやすい街づくりの発想は、発達障害のある子どもたちにとっても役立つものです。

図表は情報の関係性がとらえられるので、中枢性統合の弱さがあっても断片化せずにすむことがあります。

ASDのある子どもたちは「目に見えないもの」や「曖昧なもの」が苦手です。「うれしい」「楽しい」「嫌だ」といった感情は、目に見えず複雑なものなので、感情の処理がうまくできないことも見受けられます。楽しいことがたくさんあっても、一つ嫌なことがあると、「嫌だった」というように、1か0の両極端にふれやすいのです。

そこで、**図10-1**のようなインジケーターを使って、「今日の楽しさは数字でいったらいくつぐらい?」と、1か0以外にもさまざまなレベルの感情があ

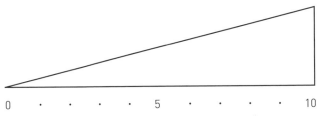

0　・　・　・　5　・　・　・　10

図10-1　気持ちのインジケーター

ることを確認していくようにすると、理解できるようになっていきます。

2.2.1 わかりやすいルール

　定型発達の子どもは、いろいろな遊びをしながら、体験的にルールを理解していきます。ところが、ASDのある子どもたちは認知の偏りがあるために、ルールをうまく理解できないことが多いのです。そこで、ルールが理解できるようにするための支援が必要になります。ルール理解のための支援は、さまざまな方法があります。

　一つのやり方は、ルールを整理して文章化し、紙に書いたものを見せる方法です。このときに、いくつかのコツがあります。まず、あまり細かいルールをすべて書かないこと。複雑になってしまうと、わかりにくくなります。ポイントを整理して示すほうが理解しやすいのです。ルール全体の骨子を説明し、必要があれば補助用紙を使って説明するほうがうまく伝わります。

　次に、書く紙の大きさを大きくしすぎないことです。ASDのある子どもは注意の範囲が狭いので、あまり大きいと一度にとらえることのできる範囲を超えてしまいます。また、当たり前と思うことはつい省略しがちですが、ASDのある子どもたちにとっては最も必要な情報です。7ならべのルール説明の例を示しました。ASDのある子どもたちにわかるように、かなり簡素化してあります。パスの回数は子どもに合わせて増やすこともあります。

　二つめのやり方は、子どもたちの前でやってみせる方法です。この方法は「モデリング」といいます。

　例えば、「氷鬼」という鬼ごっこがあります。鬼にさわられると「凍って」動けなくなってしまい、他の人がさわってくれると「氷が解けて」また逃げられるようになる、というルールです。小学生のしょうちゃんは、学校で「氷

7ならべのルール

i　全員にカードを1枚ずつ順に配ります。

ii　配り終わったら、7のカードを持っている人は場に出します。

iii　ダイヤの7を出した人から順番にプレイします。

iv　自分の番が来たら次のどちらかをします。

　　・手札から一枚カードを場に出す(出せるのは場に出ているカードに続く数)

　　・パス(カードを出さない)3回までできます。

v　持っているカードを全部、場に出した人があがりです。

vi　4回目のパスはリタイアになります。

鬼」のルールがわからず、友だちから批判されてしまいました。小グループ
の活動の中で、指導者は「鬼にさわられると、氷って動けなくなります」と
説明した後、鬼にさわられて凍ってしまう様子を実際にやって見せました。
次に、「他の友だちにさわってもらうと、氷が解けて、また動けるようになり
ます」と説明した後、その様子を実際にやって見せました。しょうちゃんは、
「氷鬼」のルールを理解して、楽しむことができるようになりました。

2.2.2　肯定的ではっきりした表現

　肯定的な表現とは何でしょう。「席を立ってはいけません」「教室から飛
び出さない」これは、否定的な表現です。同じことでも、「席に座ります」
「教室の中にいます」と言うと、肯定的な表現になります。どこが違うかと
いうと、肯定的な表現のほうが「どう行動するべきか」という情報が入って
います。ですから、肯定的な表現のほうがASDのある子どもたちにはわか
りやすいのです。

　また、「ちょっと待って」「あとでね」というような、曖昧な表現もわかりにく
いのです。ASDのある子どもに「あとでね」と言ったら、「何時何分?」と聞
き返されたというエピソードも耳にします。「5分待ってね」「3時になったら」
というように、はっきりした表現のほうが伝わります。

　何か失敗したときに「どうして、そんなことしたの?」と聞いても、なかなか
答えられないことがあります。「どうして」「なぜ」という質問の仕方は、範囲
が広すぎて答えにくいのです。「何をやろうと思ったの?」「何がいやだった
の?」といった具体的な聞き方をすると、答えられることが多くなります。

2.2.3　環境調整:構造化

　ASDの認知特性に合わせて、学習や活動をわかりやすく組織化、体
系化する方法として「構造化」の手法があります。「構造化」は、もともと
はTEACCH (Treatment and Education of Autistic and related Communication
handicapped Children) の理念の一つでしたが、近年では、ASDのある人へ
の支援で当たり前に用いられる手法になりました。

　構造化には、物理的構造化、時間的構造化、活動内容や順序の構造化、
指示などの視覚化、があります[表10-1]。

　構造化の手法で使用されるツールとして、スケジュール(予定表、手順表)
やワークシステムなどがあります。図10-2は予定表の例です。今やっ
ている活動の場所にマグネットを置いて、子どもにわかりやすく示します。

表10-1　構造化の手法と概要

手法	概要
物理的構造化	空間を区切り活動を整理すること。「何をやる場所なのか」を、わかりやすくする
時間的構造化	時間を明確に区切ること。「今何をやるのか」を、わかりやすくする
活動内容や順序の構造化	「今取り組む活動」について、「何をどのような手順でやるのか」を、具体的に明確に示す
指示などの視覚化	活動内容や目標などの必要な情報を、文字や絵カード(シンボル)などで示す

きょうのよてい

1	とうえん
2	えほん
3	せいさく
4	きゅうしょく
5	おひるね
6	あそび
7	おやつ
8	あそび
9	おむかえ

図10-2　予定表の例

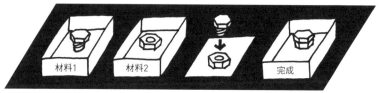

図10-3　ワークシステムの例

ワークシステムは、作業の手順通りに材料などを並べて、流れが一目でわかるように環境を整えることです。図10-3は、ワークシステムの一例です。左から、材料1→材料2と使って、完成品は最後の箱に入れるようにしています。

2.3　感覚の問題への配慮

第7章で解説したように、ASDのある人には感覚の問題がみられます。

本人にとっては苦痛を伴うものなので、我慢させるのではなく配慮すること
が基本になります。

2016（平成28）年に施行された障害者差別解消法では、障害による差別
の禁止とともに、公的機関での「合理的配慮」の提供が義務となりました。
官公庁からのパンフレットには、感覚の問題への配慮が記載されていま
す。例えば、聴覚過敏のある子どものために、机やいすの足に緩衝材を
つけて大きな音がしないようにすることや、ノイズキャンセラーなどの使用を
認めることなどが紹介されています。

皮膚感覚が過敏な子どもには、頭をなでたりハグしたりすることが苦痛
になる場合があります。高機能の子どもは、自分で説明できることがありま
す。子どもの言葉に耳を傾けて苦痛を減らしてあげることが大切です。

ASDのある子どもと接していると、一部の子どもは「視線を怖がる」こと
を経験しています。「人の顔に興味がないから視線が合わない」という消
極的な理由ではなく、「視線を避けるので視線が合わない」という積極的な
拒否が見られるのです。この原因の一つに、アイコンタクトは刺激が強す
ぎる、ということがあります。感覚の問題の一つといってもよいかもしれま
せん。

また、同時に二つのことができないため、目を合わせないほうが相手の
話が聞ける、という場合もあります。無理に視線を合わせようとすると、円
滑な行動ができなくなってしまいます。ASDのある子どもに「相手の目を見
る」ことを指導するのは、発達を阻害してしまうリスクがあることを知ってお
かなければなりません。

2.4 　望ましい行動は増やし望ましくない行動は減らす

望ましい行動を増やすことで、結果として望ましくない行動を減らすこと
ができます。望ましい行動を増やすためには、後で解説する応用行動分
析の手法が効果的です。ここでは、適応的な行動を教えることについて解
説します。

「心の理論」の項で説明したように、ASDのある子どもは視点の置き換え
がうまくできません。相手の立場に立って考えることが苦手なのです。で
すから、「相手の気持ちを考えなさい」「人の嫌がることはやめなさい」と
いった叱責は、わかりにくいのです。しかし、どのように行動すればよいの
かといった具体的な方法は、身につけることができます。ですから、「人が

嫌がらない」行動とはどんなものか、具体的な行動を教えることを心がけます。

　例えば、高機能ASDのある思春期の男の子で、よく問題になるのは「距離の取り方」です。文字どおり「近づき過ぎる」ことが、問題になりやすいのです。しかし、いくら「近づき過ぎないように」と言っても、なかなか効果が上がりません。どこからが近づき過ぎなのか、どこにも目印がないからです。

　心理学的には、人との基本の距離（パーソナルスペース）は1mから1m20cmといわれています。手を挙げてぶつからない距離が基本なのです。私は日本の教育はよくできているなぁ、と思うことがあります。というのは、学校教育の中で基本の距離の取り方をちゃんと教えているのです。みなさんも教わってきたはずです。「前へならえ」は、手を挙げてぶつからないように、げんこつ一つ分空けます。これが、まさに「基本の距離」なのです。さらに、状況によっては「小さい前へならえ」もあります。

　ASDのある子どもたちに物事を教えるときに「絶対であるように教えない」というのも、大事な原則です。常に「前へならえ」の距離がとれるわけではありません。満員電車、映画館、満員のコンサート……。例外は必ずあります。ですから、ASDのある子どもたちに教えるときは、「人との基本の距離は『前へならえ』の距離。でも『小さい前へならえ』があるように、例外もあります」と教えることが望ましいと思います*2。

2.5 ｜ 教育的支援　まとめ

　子どものさまざまな行動には、必ずその子どもなりの理由があります。認知と感覚の問題をもつ高機能ASDのある子どもにとって、世界は意味不明で不安と混乱に満ちたものかもしれません。

　彼らの示すさまざまな問題の多くは、そういった不安と混乱から起こっているもののような気がします。私は、独特の反応やコミュニケーションの失敗をしても批判や攻撃をされない安全な環境を用意し、彼らにわかるように情報の伝え方を配慮することが支援の基本だと考えています。

　その2つの条件を整えると、高機能ASDのある子どもは、驚くほど落ち着

---

*2　2020年、COVID-19感染予防に際しては、人との距離を2mとるように、と勧められています。これも例外的ですね。

き、たくさんのことを学べるようになって成長していきます。「子ども理解」が教育の基本であることを、改めて痛感します。彼らの大きな可能性を、十分に伸ばしていけるような教育環境を用意することが何より大切です。　■

3　早期発見と早期支援

　発達障害のある子どもたちは、周囲からは見えにくい困難さをもっています。幼稚園や保育所、学校などの集団生活で、さまざまな問題が起こってきますが、子どもの抱える困難さが見えにくいので、「親の甘やかし」「しつけの問題」「本人のわがまま」などと誤解されることが多いのです。

　特に、高機能ASDのある子どもたちは、適切な支援の遅れによって、大きな問題が生じることがあります。できるだけ早期から適切な支援を開始することが、その後の社会性の発達にとって重要です。

　高機能ASDのある子どもへの支援を考えるときに、最も大切なことは「子どもを迫害しない」ことです。よく「愛のムチ」といいます。子どもへの愛情から厳しく接することがありますが、高機能ASDのある子どもにとって、見えない「愛」はとらえにくいのです。「厳しくされた」ことだけが記憶に残ってしまい、子どもにとっては迫害体験となってしまうことがあります。してよいこといけないことは、はっきり教える必要がありますが、本人に理解できない厳しい指導は避けなければいけません。

　多動性や衝動性の症状を併せもっている場合は、幼児期にADHDという診断がついていることがあります。しかし、ADHDという診断がついていたとしても、ASDの特徴ももっている場合、教育的にはASDとして支援を行っていったほうがうまくいくことが多いのです。それは、ASDへの支援が最もていねいで手厚いからです。ADHDのある子どもにASDとしての支援をしても、失敗することはありません。しかし、ASDのある子どもにADHDとして支援を行うと、うまくいかないことがあります。「疑わしきはASD」として支援を組み立てるべきだと考えます。

　高機能ASDの子どもたちは知的な遅れがないので、1歳6か月健診や3歳児健診では問題なしと言われることが少なくありません。幼稚園や保育所での集団生活が始まると、さまざまな困難さがはっきりしてきます。そこで、5歳（年中）の時期に健診を行い、発達障害の早期発見、早期支援に取り組んでいこうとする「5歳児健診」に取り組む地域が増えてきています。

　発達障害の子どもたちは、成長とともに状態が変わっていくことも多く、診断名が変わることもあります。なかには、適切な支援を受けて、「個性の

範囲」と言っていい状態におさまる子どももいます。早期に適切な支援を
スタートすることで、多くの子どもたちの成長を支えることができます。定型
発達の人が中心の社会の文化を知り、ふるまい方を身につけることで、適
応状態がよくなるのです。「早期発見」とは「早期診断」という意味ではあ
りません。障害の診断確定前であっても、子どものニーズがあれば支援の
開始につなぐことが重要です。　　　　　　　　　　　　　　　　■

Column
COVID-19後の世界
（1）人との距離

　2019年から世界中に感染が広がった新型コロナウィルス（COVID-19）は、私たちの生活を一変させました。海外への渡航制限から始まった制約は、緊急事態宣言によって日常生活の制限にまで拡大しました。「不要不急の活動の休止」「学校の休校措置」「デパートなどの営業休止」等々、それに伴う在宅ワークや遠隔授業、オンラインによるさまざまな活動の広がり、わずか半年ほどの間の激変です。

　COVID-19感染拡大防止のためにさかんに言われるようになったのが「ソーシャルディスタンス（人との距離の確保）」です。英語のソーシャルディスタンスには身体的だけでなく心理的な意味も含まれているので、正確にはフィジカルディスタンス（身体的距離）です。

　COVID-19以前の人との基本的な距離は1m ～ 1.2mでした。ところが、感染予防のために推奨されているのは2m以上です。以前の生活に戻れる日がいつ来るのかは、誰にも予想がつきません。

　おそらく、COVID-19の感染がおさまっても、生活の変化は継続するのではないでしょうか。

　例えば、日本の学校教育では、一部の例外を除き小学校1学級の定員は40人です。しかし、現在の教室の設計では3密の状態になり

ます。フィジカルディスタンスを確保しようとすれば、学級定員は3分の1程度にしなければならないでしょう（もしかしたら、これはていねいな教育にとってビッグチャンスかもしれません）。

　学校教育も変わらざるを得ません。子どもたちは、身体的接触をしないように勧められます。でも、無理ですよね。子どもにはスキンシップが必要ですから。給食も、お友達と一言も話さずに食べるように指導されています。きっとおいしさは半減しているだろうなぁ、と思います。

　特別支援教育では「自立活動」というものに取り組んでいます。これは、「個々の児童生徒が自立を目指し、障害による困難を主体的に克服・改善」するための教育です。障害のある子どもたちの自立活動を身体接触なしに（2m以上離れて）実施することは、かなり難しいでしょう。

　COVID-19の感染がおさまれば、身体接触が可能になる日が来るのでしょうが、それはいつになるのか予想がつきません。身体接触なしに取り組める「自立活動」のプログラムを開発する必要があるでしょう。

Column
COVID-19後の世界
(2)オンラインのコミュニケーション

　この原稿を書いている2020年6月現在、COVID-19感染予防の日本国内の緊急事態宣言はいったん解除されています。しかし、専門家からは感染の第二波、第三波への備えが提言されています。今回のCOVID-19の特徴は時間的にも地理的にも規模が大きいことです。長期にわたるパンデミックは、一過性ではない生活の変化を余儀なくしています。震災などの災害後の生活でも、避難が長期化すれば生活の変化は一過性ではなく固定化していきます。

　オンラインのコミュニケーションが一般化することは、その一つではないかと思います。ZoomやWebex、Skypeといったオンラインのコミュニケーションツールはずいぶん一般化しました。人間は素晴らしいなぁ、と思うのは、このコミュニケーションツールを単なる会議だけに利用するのではなく、音楽セッション、ダンスなどの活動や、飲み会やお茶会にまで活用してしまう柔軟性です（私も、オンライン飲み会、オンラインお茶会を何度か楽しみました）。

　通常のコミュニケーションが制限されることは、必ずしもすべての人にとってマイナスではないようです。多くの困難を抱える人がいる一方で、不登校の児童生徒や、人と関わることが苦手なASDの人の中には、今の生活のほうが過ごしやすい、という人もいます。ASDのある人は、オンラインのコミュニケーションは、誰が話しているのかわかりやすい、一人ずつ話すので集中しやすい、聴覚過敏がある人も他の人の雑音が入らないので快適、さらに、自分の行動は制約されない（画像を切ってしまえば、何をしていても相手には見えない）等々、メリットが多いと言います。中には、ずっとこのままの方が良い、という声も…。

　私の勤務する大学では、多くの授業が遠隔実施になっています。

遠隔授業に対しても、学びにくい、という学生がいる一方で、学びやすい、という学生もいます。対面の授業ではないので質問ができない、という声がある反面、チャットを使うことで対面の授業よりも質問がしやすい、と真逆の反応です。これはおそらく、コンピューターリテラシー（どれぐらい使いこなせているか）の差によるものでしょう。

　さらに、インフォーマルなコミュニケーションがほとんどなくなることの不利益もあります。今のオンラインのコミュニケーションは機会を設定しなければなりません。わざわざ連絡をするほどのことではないけれども、出会ったときにちょっと聞きたい、というようなことができません（ASDのある人はインフォーマルなコミュニケーションが苦手なことが多いので、彼らにとってはこの状況は悪くないようです）。

　支援する立場からは、顔を合わせれば、何となく元気がないなぁ、体調が悪いのかな、とか心配事でもあるのかなぁ、と察することができますが、オンラインコミュニケーションの世界では、それができません。助けを求めることができない弱い立場の人に支援が届かなくなります。つながりを求めなければ「孤独」のままになってしまうのです。

　生活のスタイルが変われば「障害」となるものも、変わってくるかもしれません。人との距離を取らなければならず、オンラインでの学習や勤務が日常になれば、ASDのある人の中には「障害」がない人もでてくるでしょう。一方で、ICTを使いこなせない人には、大きな「障害」が生じることになります。今まで「障害」とされていたものが「障害」でなくなり、「障害」と思われていなかったものが「障害」となる。COVID-19は、「障害」のありようも大きく変えるかもしれません。■

Column
特別支援教育とPT、OT、ST

　体幹と四肢の運動へのアプローチは、理学療法士（Physical Therapist: PT）の専門領域になります。学習や日常生活場面で必要な微細な運動については、作業療法士（Occupational Therapist: OT）の専門領域です。また、言語については言語聴覚士（Speech Therapist: ST）が専門家です。日本では、教師が特別支援教育の多くの領域を担ってきましたが、イギリスやアメリカでは特別支援教育チームにOTが加わっていることが多いのです。例えば、いすや机の高さを子どもの実態に合わせて調節することによっても、落ち着きや取り組みやすさが変わります。特別支援はOTの活躍の場の一つとなっており、発達や教育に詳しいOTも多数います。

　日本では、PT、OTの主要な職域は医療機関であり、ケガや病後、高齢者のリハビリが中心となっています。しかし、療育や特別支援教育など子どもにかかわる分野でも活躍が期待されます。

　STについては、特別支援教育の中で、すでに「ことばの教室」の担当として活躍している人がたくさんいます。専門的なアプローチを行うためには、特別支援教育においても教師がすべてを担うのではなく、PT、OTあるいはSTなどの専門家と連携して個別の指導計画を立てていくことが必要でしょう。

　PT、OT、STの養成カリキュラムにおいても、子どもの発達や教育などについて専門的な学習を組み込んでいく必要があります。　■

第11章

ASDのある子どもたちへの支援
[2] さまざまな方法

Introduction

ASDのある子どもたちには、「誤学習（誤った学習）」が見られます。行動上の問題がある場合、特に「誤学習」を生じやすいのです。ASDのある子どもたちが、適切な行動を学習できるようにするためには、どのような方法がよいのでしょうか。

小学生の小グループの活動での　場面です。例1と例2をについて考えてみましょう。

〈例1〉
　A先生が、「みなさん、これから大事なお話をしますからよく聞いてね」といったところ、「大事なお話だって」「何だろう」「僕の大事なお話はポケモン…」わいわいがやがやとおしゃべりが始まりました。そこで、B先生が「みなさん、お話をちゃんと聞かないと、（派手なポーズ付きで）だっめだぞーん!!」と言ったところ、「おもしろーい」「だめっだぞーん、もっとやってー」と、もっとにぎやかになってしまいました。

〈例2〉
A先生が、「みなさん、これから大事なお話をしますからよく聞いてね」といったところ、「大事なお話だって」「何だろう」「僕の大事なお話はポケモン…」わいわいがやがやとおしゃべりが始まりました。そこで、B先生が「みなさん、お話を静かに聞けたら、（派手なポーズ付きで）わんだふぉー!!」と言ったところ、…（さて、どうなったでしょう）

〈例1〉では、子どもたちのおしゃべりが激しくなってしまいましたが、<例2>では、とても静かにお話を聞くことができるようになりました。この違いは、何によるのでしょう。

本章では、適切な行動を学習するための方法について考えてみましょう

1 応用行動分析（ABA）

応用行動分析（Applied Behavior Analysis、ABA）は、行動主義心理学に基づく理論で、報酬を用いて、特定の行動を「強化」する（増やす）ことを基本原理としています。強化するために用いる報酬を「強化子」と呼びます。強化子はいわゆる「ごほうび」で、称賛や花まる、シールやポイントなど、子どもが喜ぶものなら何でもよいのです。

初期のABAは、望ましくない行動を減らすために罰を用いていましたが、現在は積極的行動支援といって「望ましい行動を増やすことで結果的に望ましくない行動を減らす」方法が支持されています。

1.1 ABC分析（機能分析）

「ABC分析」は、行動を「先行条件（Antecedent condition）」「行動（Behavior）」「結果条件（Consequence）」という枠組みで分析する手法で、それぞれの単語の頭文字をとって「ABC分析」と呼ばれています。先行条件とは「行動の前にあった（起こった）刺激」であり、結果条件とは「行動によってもたらされた結果」のことです。近年では、これにモチベーション（Motivation）を加えたM-ABCという考え方もあります[図11-1]。

例えば、ある子どもの「友だちを後ろからおどかす」という行動が問題になったとします。子どもAが「友だちと遊びたい」と思っているときに、先行条件（Antecedent condition）として、「友だちBが遊んでいる」という場面に出会います。子どもAが、「相手をおどかす」という行動（Behavior）をしたら、その結果条件（Consequence）として、友だちBがびっくりして振り返っ

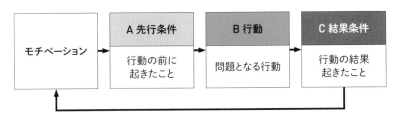

図11-1　M-ABC分析の考え方

て、かかわってくれました。これで、子どもAのモチベーション「友だちと遊びたい」が達成されたことになり、「友だちを後ろからおどかす」という行動は増加します（正の強化）。

しかし、「友だちを後ろからおどかす」というのは望ましくない行動なので、先生は「遊びたいときは、一緒に遊ぼうと声をかけましょう」と教えました。「友だちBが遊んでいる」という場面で「一緒に遊ぼう」という声かけ（Behavior）をしたら「遊んでもらえた」という結果になると、子どもAのモチベーション「友だちと遊びたい」が達成されたので、「一緒に遊ぼう」と声をかける望ましい行動が強化されます。

Introductionの例1は、「大事なお話をしますからよく聞いてね」という先行条件に対し、「おしゃべり」という行動をしたところ「だっめだぞーん」という面白い結果条件が起こりました。「面白い、もっとやって」というモチベーションから、おしゃべりがさらにひどくなった、という分析になります。＜例2＞では、先行条件と行動は同じですが、結果条件が異なります。静かに聞けたら「わんだふぉー」という結果条件ですが、おしゃべりをしてしまったら、この結果になりません。子どものモチベーションは「わんだふぉーが見たい」ですから、静かに聞く、という行動が強化されたのです。

このように、子どもの問題となる行動について分析し、望ましい行動を増やすために、M-ABC分析を用います。

1.2 基本となるテクニック

望ましい行動を形成し維持させるために、「強化」「プロンプト」「フェイディング」「シェイピング」「連鎖化」「トークン・エコノミー」などの方法を用います。

1.2.1 強化 (reinforcement)

ある行動に対して、期待どおりの結果が得られると、その行動は増えます。これを「強化」といいます。例えば、一定時間着席して学習に取り組むと、ごほうびにシールがもらえる、というようにすると着席行動が増えます。これを「正の強化」といいます。行動が起こったときにすぐ強化することを「即時強化」といい、大変効果的です。行動をするごとに毎回強化することを「連続強化」、時々強化することを「間欠強化」といいます。標的とする行動が高水準で起こるようになるまでは、連続強化が効果的です。

その後は「間欠強化」が効果的になります。

1.2.2　プロンプト (prompt)

「プロンプト」とは、望ましい行動ができるようにするための手がかりとなる刺激のことです。プロンプトは、指示のように言語で与えられるだけでなく、視覚的な手がかりや動作を伴うなどして与えられることもあります。

1.2.3　フェイディング (fading)

プロンプトを手掛かりにしながら、望ましい行動ができるようになったら、今度はプロンプトを減らしていきます。少しずつプロンプトを取り除いていくことを「フェイディング」といいます。フェイディングの方法としては、援助を減らす、段階的な誘導、時間遅延などがあります。

1.2.4　シェイピング (shaping)

シェイピングとは、新しい行動を身につけるために、目標となる行動に向かって近づけていくことをいいます。シェイピングには、「分化強化」が非常に重要になります。「分化強化」とは、さまざまな行動の中で目標となる行動は確実に強化し、それ以外の行動は強化しない、ということです。強化のための基準は、目標に近づくように少しずつ変化させていきます。また、最終的な目標に向かって徐々に段階をふんで近づけていく（漸次的接近）ように基準を設定していきます。

1.2.5　連鎖化 (chaining)

目標とする課題について、子どもが一連の行動として獲得できるようにしていく手続きを「連鎖化」といいます。どんな行動がどのようにつながっているかを分析し、子どもにとって習慣化しやすい連鎖順を決定します。連鎖順にしたがって、子どもが一人でやりとげられるように「行動連鎖」を形成していく方法です。

1.2.6　トークン・エコノミー (token economy)

「トークン・エコノミー」とは、トークン（代用貨幣：お金の代わりのもの）を使って強化するシステムのことです。代用貨幣としては、シールや○印、ポイントなどを使います。

まず、子どもと相談して、目標となる行動や交換する条件を具体的に決め

ておきます（紙に書いておくといいです）。例えば、朝、自分から新聞を取ってきたら○が1個（トークン）もらえ、○が10個たまったら、おやつを選ぶ権利をもらえる（支持強化刺激）、といったことを具体的に決めておきます。目標となる行動ができたらトークンが貯まり、ごほうびとして、支持強化刺激を実行できます。これを積み重ねて、望ましい行動を増やしていこうとするものです。

　この他に、不適切な行動を減少させるための方法としては、①タイムアウト（time out）、②レスポンスコスト（response cost）、などがあります。タイムアウトは、一定時間、正の強化子を与えない方法です。具体的には、一定時間トークンを与えない、注目しない、という方法などがあります。仲間から離す（活動に参加させない）、あるいは別の場所に移動させる、という方法をとることもあります。学校では、児童生徒を廊下に出したりすることは体罰となるため、慎重な判断が必要です。

　レスポンスコストは、望ましくない行動に対して、強化子を取り去る（トークンを取り上げるなど）ものです。罰金制度もレスポンスコストの一つと考えることができます。　■

2 TEACCH自閉症プログラム

　ショプラー(Eric Schopler)によって提唱された TEACCH (Treatment and Education of Autistic and related Communication handicapped Children) は、ノースカロライナ州で取り組まれている自閉症児のための包括的プログラムです。2020年現在は、Klingerが中心を担っており、TEACCH (Teaching、Expanding、Appreciating、Collaborating and Cooperating、Holistic) としています。TEACCHの理念や構造化の手法、言語心理学的な立場に立ったコミュニケーションの指導法などは、多くの専門家に受け入れられ応用されています。

　TEACCHの目的は、自閉症のある人が社会の中で有意義に暮らし、できるだけ自立した行動をすることです。TEACCHではスケジュールやワークシステムなど、目に見える構造化の手法がよく使われ、さまざまな教育の場で取り入れられています。構造化の方法は、個々の子どもの特性やそのときの状況に応じて柔軟に対応していくべきだと考えられています。TEACCHの思想で最も大切なことは、自閉症のある人の立場に立って「自閉症の特性から出発する」という点です。

3 SPELL

SPELL（スペル）は、イギリス自閉症協会が提唱している自閉症教育の理念です。Structure、Positive、Empathy、Low arousal、Linksの頭文字をつないだもので、TEACCHの理念と共通するものがあります。　■

① STRUCTURE（構造化）わかりやすい工夫や配慮、時間、空間、意図の視覚化。

② POSITIVE（肯定的アプローチ）ほめる、動機づける、適切な期待。

③ EMPATHY（共感的理解）自閉症特性の理解、独自の理解の仕方への共感。

④ LOW AROUSAL（低覚醒、おだやかな環境）刺激の少ない穏やかな環境、ストレス源を減らす。

⑤ LINKS（連携）　経験、認知、時間のつながり。他機関との連携。

4 社会性を教える

| 4.1 | ソーシャルスキルトレーニング (SST)

　ソーシャルスキルとは「人とうまくかかわっていくための技能」のことです。当たり前のことですが、所属する社会・文化・集団によって適切なスキルは異なります。欧米では「主張する」スキルが大変重視されますが、日本では「協調する」ためのスキルのほうが必要になります。ソーシャルスキルは、トレーニングによって身につけることができます。ソーシャルスキルを教えるための方法がソーシャルスキルトレーニング (Social Skill Training: SST) です。最近では、発達障害の子ども向けのSSTが活発に行われています。

　SSTの指導者の基本的な姿勢としては、①温かく受容的な態度、②うまくできたときはほめ、うまくできないときは叱るのではなく修正する（適切なスキルを教える）、ということが重要です。SSTの「基本的のステップ」は次の手順です。

① インストラクション（教示）
② モデリング（お手本）
③ リハーサル（練習）
④ 実行
⑤ フィードバック（評価）
⑥ 般化と維持（定着）

　「般化」とは、トレーニングで学んだスキルが、さまざまな場面や相手に対してできるようになること、「維持」とは、できるようになった状態を保ち続けることをいいます。

　日常生活で、小さい子どもには①〜⑥の「基本のステップ」で教えていることが多いと思います。例えば、「知っている人に合ったらあいさつをしましょう（インストラクション）」「こんな風に『こんにちは』といいます（モデリング）」「じゃあやってみてごらん（子どもがやってみる：リハーサル）」といったように

教えてから、実際にあいさつができると、「上手にできてえらかったね」とほめる（フィードバック）、というようなことはよく見られます。SSTという言葉は知らなくても，実際には日常的に行われているだろうと思います。

「般化」し「維持」するためにはまず、生活の中で必要性・必然性の高いスキルを取り上げること、次に、学習したソーシャルスキルを日常生活の中で使う機会を作ることが重要です。

学齢を重ねていくと「できて当たり前」になってくるので、基本のステップをやらなくなります。しかし発達障害の子どもの場合は、ていねいに基本のステップをふんだほうがうまくやれることも多いのです。ASDのある子どもたちは、思いもかけないような行動や反応をすることがありますが、決して悪意からではなく、社会的な理解がうまくできていないための結果としての不適切な行動です。ASDのある子どもは、とても繊細で傷つきやすく、大人が「ちょっとした」叱責のつもりのことでも全否定になってしまうことが少なくありません。ですから、不適切な反応や行動に対しては叱るのではなく、行動を修正する（適切なスキルを教える）ようにします。ASDのある子どもたちは、マニュアル的に知識が入るとうまくやれることが多いので、SSTの効果は大きいといえます。

4.1.1 　自己モニタリング

社会性の成長のためには、自分自身を客観的にとらえる（自己モニタリング）の力も必要です。自分の行動を振り返って、よい結果をもたらす行動は増やし、まずい結果をもたらす行動は修正する、ということの積み重ねで、良好な社会性が身についていくからです。そのためには、メタ認知*の発達とともに、前後の情報と自分の行動、その結果とを統合するための手がかりが必要になります。

ASDがあると、中枢性統合の弱さや実行機能の問題から、情報の一部にしか注意が向いていなかったり、把握した情報が断片化したりしやすいのです。自分の言動がきっかけで相手を怒らせてしまいトラブルになったのに情報が断片化して、最後に自分が批判された部分にしか目が向かないと「いじめ被害」として訴えることがあります。

日常生活の中で、「自分の行動を振り返る」という場面は、失敗に対して

---

* 「メタ認知」とは、自分の認知の状態を上の次元からとらえることです。例えば、何かを実行している時に、自分がわかっていること、実行できたこと、つまずいていること、全体の進行状況などをとらえ修正が必要かどうかといった判断を行っているのはメタ認知です。

行われることが多いのです。しかし、失敗経験というのは、状況がきちんとつかめていなかったり、感情的に冷静になっていなかったりするので、振り返りがうまくいかないことがあります。むしろ、うまくやれた（成功体験）ときに振り返るほうが、次の学習につながります。

4.2 | コミック会話とソーシャルストーリー

コミック会話とソーシャルストーリーは、どちらもキャロル・グレイ（C. Gray）が提唱している自閉症児のための指導方法です。

コミック会話は、人物を線画で描いて、吹き出しの中にセリフを入れていくものです[図11-2]。コミック会話は、マンガのような吹き出しを使うことで、実際にあったことを視覚化・定着化し理解しやすくします。「そのとき誰がいたの？」「あなたは何と言ったの？」「相手の人は何と言ったの？」と、子どもと話をしながら、場面を確認したり、吹き出しの中にセリフを入れたりしていきます。このようにすることで、会話のもつ意味や、相手の気持ちを改めて整理することができ、コミュニケーションを明確にしていくことができます。

ソーシャルストーリーは、社会的状況をお話（ストーリー）にすることで、自閉症のある子どもに適応的行動をわかりやすく教えようとするものです。自閉症の認知特性を配慮したソーシャルストーリーにすることが大切です。

図11-2 コミック会話の例

表11-1 社会的行動表の例1

場面	あなたの行動	相手が感じること	結果起こること
アドバイスを もらった	「私がだめだっ ていうの!」	せっかく教えて あげたのに	もう教えてもらえなくなるかもしれない
	アドバイスを聞 いてやってみる	聞いてもらえて よかった	前よりうまくやれるかもしれない 相手と前より仲良くなれるかもしれない

表11-2 社会的行動表の例2

場面	あなたの行動	相手が感じること	結果起こること
試合で 負けた	怒る	ひきょうだと思う 楽しくない	先生から叱られる 友だちの信頼を失うかもしれない
	相手をたたえる	スポーツマンシッ プがあると思う	先生や友達から信頼されるかもしれない

4.3 社会的行動表

社会的行動表は、ASDのある人の行動、その行動に対して相手が思ったこと、結果起こることを表にすることで因果関係をとらえやすくするものです[表11-1,2]。

4.4 社会性を教えるために大事にしたいこと

子どもたちが良好な社会性を育てていくためには、「子ども集団の質」は重要な要素です。いじめやけんかの多い攻撃性の高い集団では、いくらソーシャルスキルを身につけても成功体験に結びつきません。また、集団の中での評価が下がっている子どもに対しては、批判的な反応が多くなります。子どもたちが、それぞれの得意なことで活躍の場をもつことは、周囲からの評価を向上させ良好な関係を築くために、重要なことなのです。 ■

社会性を育てるコツ
A.叱るのではなく方法を教える
B.失敗したときではなく、うまくやれたときに振り返る
C.周囲の子どもとの関係:得意なことで活躍の場を

第12章

ASDのある子どもたちへの支援
[3] 関係性を基盤とした介入

Introduction

ASDの「社会性の障害」について、対人関係に対する興味関心が低いことが原因で、社会性の学習をする機会を逃したために生じている、という考え方があります。この立場に立てば、何よりも人に対して関心がもてるようにすることが、ASDのある子どもの成長を支えるということができます。

次の例の中で、ASDのある幼児が最も他者に対して興味関心（モチベーション）をもつのはどれでしょう。

1. 正しい遊び方をていねいに教える。
2. ASDのある子どもが好きな遊びに没頭していることを見守る。
3. 学校で必要になる読み書きなどをていねいに教える。
4. 友だちとの遊びに加わるよう誘いかける。
5. ASDのある子どもが好きな遊びをもっと楽しめるようにかかわる。

子どもが興味を持っていない活動に誘っても、本人にとっては楽しくありません。1、3、4は、どれも、ASDのある子ども自身は興味をもっていない活動です。2は、子どもの楽しみのじゃまはしていませんが、かかわりもないので、他者に対するモチベーションにはつながりません。5は他者とかかわることで、自分の好きな遊びがもっと楽しくなったら、かかわってくれた他者にも興味がもてますね。これが、「関係性を基盤とした介入」の基本です。

では、ASDのある子どもが他者に対して関心をもてるようにするための方法について考えてみましょう。

1 ソーシャルモチベーションを高める

　第11章で紹介した「ソーシャルモチベーション理論」に基づくと、ASDの社会性の障害は、社会的な学習の障害としてとらえることができます。図12-1の悪循環の結果として、社会性の障害が生じると考えるのです。この考え方から、社会性の学習の障害が生じる前の段階（発達早期）に良好な関係性を経験することで、ソーシャルモチベーションを高めれば、学習の機会を逃さずにすみ、社会性の発達が促進できるだろう、という仮説が成立します。

　ソーシャルモチベーションに注目した指導方法として、PRT（Pivotal Response Training）、ESDM（Early Start Denver Model）、JASPER（Joint Attention, Symbolic Play, Engagement, and Regulation：共同注意、象徴遊び、かかわり、調整）などの指導方法が開発されました。PRTはソーシャルモチベーションを高めることに特化した指導方法です。介入の主軸となる領域をピボタル領域[*1]として、モチベーション、自発性、質問をすることを最重要と考えています（Koegel, 2016）。PRTは、後のESDMやJASPERにもつながっていきます。■

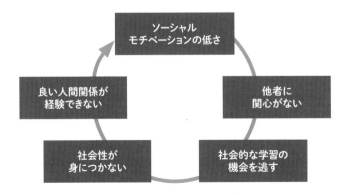

図12-1　ソーシャルモチベーションと社会性の学習の障害

*1　直接介入を行った行動が改善すると,その行動だけでなく広範囲の行動に成果が及ぶ領域のこと（Koegel, R. N., Koegel, L. K., (2012) The PRT Pocket Guide: Pivotal Response Treatment for Autism Spectrum Disorders. Paul H. Brooks Publishing（小野真,佐久間徹,酒井亮吉（訳）(2016) 発達障がい児のための新しいABA療育　PRT,二瓶社）

2 ESDM（Early Start Denver Model）

ESDM[*2]は、5歳までの定型発達の発達理論の研究をふまえて開発されました。ソーシャルモチベーション理論の影響を強く受けており、ASDの共同注意や社会性の障害は、他者の顔、声、身振り、会話など、身のまわりの社会的情報に注意を向けないことから学習の機会を逃した結果であると考えています。そのため、関係発達焦点化モデルを中心として応用行動分析の指導手法を統合したアプローチを行います。

ESDMは、乳幼児が発達的に未分化であること、ASDのある子どもは社会性だけでなく運動発達や身辺自立などのすべての領域に障害がみられることから、すべての領域を対象とした包括的早期行動介入のプログラムを提供しています。生後12か月から48か月の乳幼児期に大人との質の良い関係をもつことで、模倣学習ができるようになり、良好な発達につながる、という考えに基づいています。幼児は、興味（モチベーション）をもって経験するものを学習し獲得していきます。また、日常生活で接する情報を獲得できるようにすることの重要性から、保護者を重要なパートナーとして位置づけ、保護者コーチングをモデルの中に組み込んでいます。

加えて、ヴィゴツキーの発達理論も重視して、「発達の最近接領域[*3]（P領域）」への働きかけを積極的に行うとしています。療育計画は、カリキュラムチェックリストを用いて、「受容言語」「表出言語」「微細運動」「粗大運動」「社会的興味」「遊びのスキル」「模倣」「前学習能力」「適応行動」「共同注意」の10領域について、P領域を同定し目標とするスキルを決定します。この療育計画は12週ごとに評価し、段階的にステップをふんでいくようにしていきます[図12-2,3]。

ASDのある乳幼児の狭い興味や関心に寄り添い、良好な関係性をもてるようにするためには、高い専門性が必要です。乳幼児の成長の手がか

---

*2　Rogers, S.、Dawson, G, (2009) Early Start Denver Model for Young Children with Autism, Guilford Press. Rogers, S., Dawson, G., Vismara, L. A., (2012) An Early Start for Your Child with Autism, Guilford Press.
*3　「発達の最近接領域」とは、ヴィゴツキーの発達理論の中心的概念です。「できること」と「できないこと」の間に「できたりできなかったりすること」あるいは「少し手伝えばできること」があり、これを発達の最近接領域と名付けました。子どもの学習では、この発達の最近接領域を目標に設定することが、確かな成長につながると考えられています。

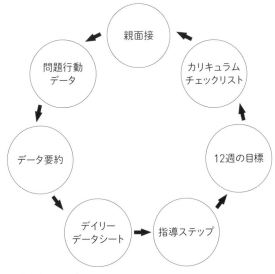

図12-2　ESDMの療育計画のサイクル

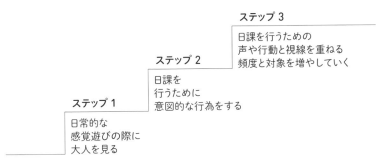

ステップ 3
日課を行うための
声や行動と視線を重ねる
頻度と対象を増やしていく

ステップ 2
日課を
行うために
意図的な行為をする

ステップ 1
日常的な
感覚遊びの際に
大人を見る

図12-3　目標に向けた指導ステップ

りを的確に把握し、積極的に働きかけて発達を促します。教え込むのではなく、乳幼児が楽しく遊べるようなかかわりの中で実践していくのです。

　例えば、風船やシャボン玉を飛ばすことは、多くのASDのある幼児にとって魅力的なものです。風船をふくらませて手を離すと、勢いよく飛んでいきます。子どもが喜んで追いかけるので、何回か繰り返します。途中で、中断を入れるのです。風船をふくらませようとする動作のところで止めます。子どもは早くやってほしそうにします。そこで、「もう一回?」と問いかけます。これを繰り返すと「もう一回」と言えばふくらませてくれる、ということがわかり、子どもから「もう一回」という要求が出るようになります。要求の言語の学習ができたのです。

　あるいは、子どもが自分でふくらまそうとします。ところが、風船をふくら

ませることは幼児には難しいので、うまくできません。ふくらませることができずにイライラし始めたところで「手伝って?」と問いかけます。子ども側の要求「手伝って」に対して風船をふくらませることをやってあげます。「手伝って」という要求の言語と、ふくらませるのを手伝うという行動を重ねることで、手助けしてほしいときには「手伝って」と言うのだ、という学習ができるのです。

　このように書くと簡単そうですが、実践することにはハイレベルな臨床力を必要とするので、ESDMのトレーナーの資格取得にはかなりのトレーニングを課しています。Rogersの所属するUC-Davis MIND研究所は、オンラインでのESDM初級トレーニングを提供しています[*4]。また、アドバンスドワークショップは、日本でも開催されています。　■

*4　https://extension.ucdavis.edu/subject-areas/early-start-denver-model（英語のみ）

3 JASPER
(Joint Attention, Symbolic Play, Engagement, and Regulation)

ESDMと同様、JASPERは関係性を基盤とした臨床指導ですが、特に共同注意に焦点を当てています。12か月～8歳のASDのある子どもの興味に寄り添うことで共同注意の発達を促すプログラムで、その名称のとおり、共同注意、象徴遊び、かかわり、調整を基本としています。遊びを通して介入し良好な関係性の発達を促進する点は、ESDMとよく似ています。

介入（支援）の焦点は、コミュニケーションとしてのジェスチャーと言葉であり、単純な遊びから組み合わせ遊び→前象徴遊び→象徴遊びへと発展させていきます。JASPERの基本はセラピストとの1対1のセッションですが、複数の子どもたちとの遊びを通して行うものを「JASPEER」、親や保育士、幼稚園教諭等が子どもとの遊びを通して行うものを「JAS-PER」としています[図12-4,5]。 ∎

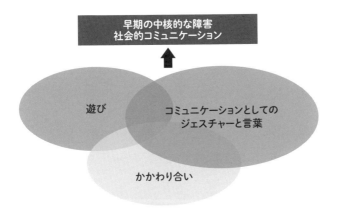

図12-4　JASPERの介入の対象（井澗、2017）

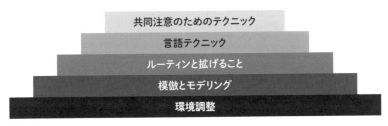

図12-5　JASPERの核となる要素（井澗、2017）

表12-1 ESDMとJASPERの比較

	ESDM	JASPER
対象	発達早期(12か月〜48か月)の乳幼児	12か月〜8歳
アプローチ	包括的支援	共同注意を重視
実施者	訓練を受けた専門家、保護者	多様な専門家
特徴	週20時間を基本、日常生活場面での個別指導が中心	個別指導中心だが学校場面でも実施

*5 井潤知美(2017)遊びを通して社会性の発達を促す:JASPERプログラム、心と社会48(3)、43-49

4　関係性を基盤とした幼稚園での実践例

　ある幼稚園でのすばらしい実践例「ハロウィンお化けごっこ」を紹介したいと思います。

　けいくんは、人とうまくかかわれない4歳児でした。教室で一人遊びをしていることが多く、たまに友だちと遊ぶとトラブルになってしまいます。10月に、先生がハロウィンの飾りつけをしました。けいくんは、このお化けの飾りがとても気に入って、ひとりでお化けになるふり遊びをしていました。

　すると、同じクラスの幼児がそれを見て「けいくん、何してるの」と集まってきました。けいくんがお化けのふりをしているのを見て、「ぼくも」「わたしも」と、次々にお化けのふりを始め、みんなでお化けごっこになりました。けいくんは楽しくてたまりません。「今度はこうしよう」「次はこう」と、いろいろ変化をつけます。他の幼児も「けいくん、面白いね」「お化けごっこ楽しい！」とあちこちでやりとりも活発に行われました。

　その姿を見た担任の先生は、お化けごっこをクラス全体の活動にしました。どんどん楽しくなっていきます。となりのクラスの先生も加わって、4歳児全体の活動「ハロウィンお化けごっこ」として取り組みました。けいくんは、もう楽しくてたまりません。お友だちとのやりとりもどんどん増えていきました。

　こういった積み重ねで、けいくんは友だちとの関係性が育ち成長していきました。■

5 モチベーションの重要性

　ESDMやJASPERは発達早期に取り組むことで、その後の社会性の発達の基盤を育むことに重点を置いています。では、それ以降は有効ではないのでしょうか？　研究では、きちんとしたエビデンスがないと「明らかではない」あるいは「確認できていない」としか言えません。

　しかし、臨床的には、児童期以降であっても、子どものモチベーションを大事にした取り組みは、人との関係性を良好にすることを経験しています。むしろ、思春期以降は、年齢の近い友人の存在が非常に重要になります。友だちがほしい、と思いながらも、興味関心の共有がなかなかできず、自信をなくしてあきらめてしまうASDの青年は少なくないように思います。それぞれの感じ方を否定せず、安心できる環境を設定したうえで、楽しいと思える活動を共有できると、青年期であってもソーシャルモチベーションとともに社会性を高めることができます。そのような機会をなかなかもてないことが、高機能ASDのある青年の悩みかもしれません。■

第13章

発達障害の重複と関連

発達障害には、複数の障害が重複（併存）することがあります。ASDと知的障害、ASDとADHD、ADHDとLDなどの重複（併存）はしばしばみられます。

次のような例について、どう思いますか

〈例1〉
中学生のりょうくんは、以前は特定不能の広汎性発達障害といわれていましたが、先日の発達相談では、自閉スペクトラム症とADHDといわれました。障害の程度が重くなったのでしょうか。特に様子が以前と変わったわけではないのですが。
〈例2〉
小学4年生のめいちゃんは、3歳の時に知的障害と診断されました。でも、植物が大好きで友達と遊ぶことには興味を示さずに植物図鑑をずっと見ています。会話ではエコラリア（オウム返し）もあります。自閉スペクトラム症ではないかと思うのですが。
〈例3〉
小学校6年生のけんとくんは、高機能ASDと診断されました。単純な計算はできるのですが、「割合」や「時間」の計算ができません。国語では、漢字は書けるのですが文章の意味を読み取ることは困難です。担任の先生は「これで高機能なのかなぁ」と心配しています。

例1は、りょうくんの障害の状態が変わったのではなく、診断のつけ方が変わったのです。DSM-5になって、複数の診断をつけることができるようになりました。そのため、ASDの症状とADHDの症状両方があるりょうくんには、ふたつの診断がついたのです。
例2のめいちゃんの場合は、3歳の頃の診断基準では最も重い障害だけを診断名としていました。DSM-5の診断基準であれば、知的発達症と自閉スペクトラム症の二つの診断名がつくでしょう。りょうくんと同様ですね。
例3のけんとくんは、おそらく境界域知能だろうと思います。高機能とは知的障害ではないという意味ですが、IQ80ぐらいの知的水準だと高学年の授業の理解は難しいのです。
では、発達障害の重複（併存）について考えてみましょう。

1　発達性協調運動症と言語障害

　発達障害者支援法第2条では、発達障害者の定義を次のように定めています。

第2条　「発達障害」とは、自閉症、アスペルガー症候群その他の広汎性発達障害、学習障害、注意欠陥多動性障害その他これに類する脳機能の障害であってその症状が通常低年齢において発現するものとして政令で定めるものをいう。

　　　　2　この法律において「発達障害者」とは、発達障害がある者であって発達障害及び社会的障壁により日常生活又は社会生活に制限を受けるものをいい、「発達障害児」とは、発達障害者のうち十八歳未満のものをいう。

　「その他これに類する脳機能の障害」の対象と考えられているのは、トゥレット症（チック症）や発達性協調運動症などの運動症群、吃音症などのコミュニケーション症群です。

▎ 1.1 ┃ 発達性協調運動症 (Developmental Coordination Disorder: DCD)

　発達性協調運動症（DCD）は、ひとことでいえば「極端な不器用」です。ここでいう「不器用」は、単に手先の動き（微細運動）だけではなく、全身の動き（粗大運動）との協調のぎこちなさも含みます。

　DSM-5での定義は、次のとおりです[*1]。

A. 協調運動技能の獲得や遂行が、その人の生活年齢や技能の学習および使用の機会に応じて期待されるものよりも明らかに劣っている。その困難さは、不器用（例：物を落とす、または物にぶつかる）、運動技能（例：物を掴む、はさみや刃物を使う、書字、自転車に乗る、スポーツに参加する）の遂行における遅さと不正確さによって明らかになる。

B. 診断基準Aにおける運動技能の欠如は、生活年齢にふさわしい日常生活活動（例：自己管理、自己保全）を著明および持続的に妨げており、学業または学校での生産性、就労前および就労後の活動、余暇、および遊び

に影響を与えている。

C. この症状の始まりは発達段階早期である。

D. この運動能力の欠如は、知的能力障害（知的発達遅延）や視力障害によってはうまく説明されず、運動に影響を与える神経疾患（例：脳性麻痺、筋ジストロフィー、変性疾患）によるものではない。

　低年齢では、基本的な運動（座る、這う、歩く）の発達の遅れとして気づかれるかもしれません。幼稚園等や学校の生活では、自分の持ち物をロッカーや机の中に収めることの困難さ、描画や文字を書くことの極端な不器用（マス目に入らない、まとまりがつかないなど）、楽器の演奏や体育の鉄棒・マット運動・球技などの困難など、周囲に目立つ場面で「できない」経験を重ねることになります。

　また、書道や描画の際に墨や絵の具の扱いがうまくできないと、用紙だけでなく周囲を汚すことになり、先生や友達からの批判を受けることになります。そのため、自己肯定感が下がり、不登校などの二次的な症状にもつながりやすいのです。

　DCDの症状の背景にある脳機能については現時点では明確になっていませんが、小脳の機能不全の可能性がいわれています。小脳は運動の制御を担い、平衡感覚と眼球運動、体幹と四肢の運動、運動の計画、運動学習をそれぞれ担当する部位があります。

1.2 ｜ コミュニケーション症群：吃音

　吃音とは、話し言葉が滑らかに出ない（流暢障害）状態です。基本的特徴は①音の繰り返し（連発）（例：あ、あ、あのね）、②音の引き延ばし（伸発）（例：あーーーのね）、③単語の途切れ（難発、ブロック）（例：あ……のね）などです。明らかな原因がなく3歳頃までに発症するものを発達性吃音といいます（脳疾患や脳外傷の後に発症するものは獲得性吃音といいます）。

　心理的圧力がかかる場面（みんなの前で発言する、面接など）でより重度になるため、以前は心理的な問題として扱われていました。しかし、近年の研究で、吃音者に特徴的な脳活動が見られることが報告されるようになり[2]、

---

*1　日本精神神経学会監『DSM-5 精神疾患の診断・統計マニュアル』73頁、医学書院、2014年

*2　今泉敏「発話中枢機構と吃音のメカニズム」『音声言語医学』第44巻第2号、111-118頁、2003年。森浩一「脳機能研究から吃音治療を展望する」『コミュニケーション障害学』第25巻第2号、121-128頁、2008年

発達障害として支援の対象になっています。

　DSM-5では、「小児期発症流暢症」として下記のような診断基準を示しています[*3]。

A. 会話の正常な流暢性と時間的構成における困難、その人の年齢や言語技能に不相応で、長期間にわたって続き、以下の1つ（またはそれ以上）のことがしばしば明らかに起こることにより特徴づけられる。

(1)音声と音節の繰り返し

(2)子音と母音の音声の延長

(3)単語が途切れること（例：1つの単語の中での休止）

(4)聴き取れる、または無言状態での停止（発声を伴ったまたは伴わない会話の休止）

(5)遠回しの言い方（問題の言葉を避けて他の単語を使う）

(6)過剰な身体的緊張とともに発せられる言葉

(7)単音節の単語の反復（例：「I- I- I- I see him」）

B. その障害は、話すことの不安、または効果的なコミュニケーション、社会参加、学業的または職業的遂行能力の制限のどれか1つ、またはその複数の組み合わせを引き起こす。

C. 症状の始まりは発達期早期である。

D. その障害は、言語運動または感覚器の欠損、神経損傷（例：脳血管障害、脳腫瘍、頭部外傷）に関連する非流暢性、または他の医学的疾患によるものではなく、他の精神疾患ではうまく説明されない。

　DSM-5によれば、発達性吃音の80-90％が6歳までに発症し、発症年齢の範囲は2〜7歳としています[*4]。65〜85％の子どもは回復するとされています。

　吃音については、各地域の療育センターや病院での言語聴覚士（ST）による指導、学齢期には「ことばの教室」で通級指導を受けることができます。また、発達障害者支援センターでの相談や援助を受けることもできます。■

*3　日本精神神経学会監『DSM-5 精神疾患の診断・統計マニュアル』45-46頁、医学書院、2014年
*4　日本精神神経学会監『DSM-5 精神疾患の診断・統計マニュアル』44-45頁、医学書院、2014年

2　発達障害の重複

　発達障害には、複数の障害が併存することがあります。ASDと知的障害、ASDとADHD、ADHDとLDなどの併存はしばしばみられます[図13-1]。また、不器用さの症状（DCD）も、多くの発達障害のある子どもに見られます。図には示していませんが、SLD以外の発達障害には知的障害を伴うこともあります。さまざまな障害が併存していることが、発達障害をわかりにくくさせている理由の1つでしょう。

　教育においては、複数の障害が重なることを「重複（ちょうふく）」といいます。障害の重複は、教育方法の選択を難しくし、大きな困難を生じることになります。専門性の高い教育が必要になります。

　障害の重複以外に、併存症状がみられることもあります。実行機能の障害は、ADHDをはじめ、ASDやLDなど発達障害のある子どもの多くにみられます。ASDに併存しやすい症状としては、てんかんや過敏性腸症候群、結節性硬化症、トゥレット症候群などがあります。

　発達障害のある人には、思春期・青年期以降にうつや社会不安、強迫症状、摂食障害などを発症することもみられます。これらの精神症状については、もともと脆弱性（発症しやすさ）があるという考え方と、周囲の無理解のためにストレスフルな生活を余儀なくされることによる二次的な症状とする考え方があります。発達障害のある場合、単なるカウンセリングだけでは改善しないことが多く、薬物療法や認知行動療法などの組み合わせによって軽快する場合があります。　■

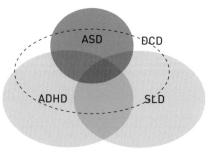

図13-1　発達段階の併存

3 知的障害と境界域知能

▎3.1 │「知的機能」とは何か

知的障害は「知的機能」と「適応機能」の障害、とされています。

ところで、「知的機能」とは何だと思いますか？

- いわゆる「頭の良さ」？
- 知識の量？
- 頭のやわらかさ？
- 情報処理の速さ？
- 創造性？
- 知識の蓄積？
- 判断力？
- コミュニケーション能力？
- 「生きる力」？

　いろいろ思いつきますね。多岐にわたっています。そう、「知的機能」とは多面的なものなのです。

　　・いわゆる「頭の良さ」は　→　流動性知能

　　・知識の量　　　　　　　　→　結晶性知能

　　・頭のやわらかさは　　　　→　思考の柔軟性

　　・情報処理の速さは　　　　→　処理速度

　　と考えることができます。

　知的機能を測定するのが知能検査[*5]です。

　図13-2を見てください。知能指数（IQ）は統計的に図のような分布になるという考え方に基づいています。平均（IQ100）を中心に、両端にいくに従って少なくなっています。これを正規分布といいます。統計では、散らばりぐらいを「標準偏差」という数値で表します。

　正規分布では標準偏差はおおむね15であり、平均（100）±1標準偏差

---

*5　第15章参照

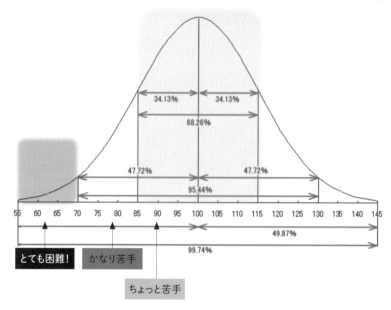

図13-2 知能指数(IQ)の考え方

（15）、つまりIQ85-115に約70%が含まれると考えられています。平均
（100）±2標準偏差（30）以内に95%以上が含まれることから、平均から2
標準偏差以上離れるとまれなグループになります。知的障害の判断基準
が概ねIQ70となっているのは、この統計的な考え方が根拠です。知能の
測定には誤差があるため、誤差の範囲を±5として、IQ70±5を基準とする
のがより的確な考え方です。

3.2 | 境界域知能

　もう一度図13-2を見てください。最も多いIQ100からIQ70に向かって
緩やかな傾斜が連続しています。IQ71と70の間にはっきりと境界線があ
るわけではありません。では、知的障害という診断基準にあてはまらない
IQ70±5 ～ 85±5ぐらいの子どもたちには困難がないのでしょうか。決し
てそうではありません。

　IQ90ぐらいは、学校での勉強がちょっと苦手な子どもたちです。IQ85以
下の子どもたちは、学校での勉強はかなり苦手、大変な苦労をしている子
どもたちです。こうした、知的障害という診断基準にあてはまらないIQ70±
5 ～ 85±5ぐらいの子どもたちを「境界域知能」といいます。福祉制度の

対象とならないぶん、ある意味では知的障害の子どもたちよりも苦労が多いかもしれません。IQ70とIQ80で、実態にはそれほど大きな差はありません。しかし、知的障害と診断されれば受けられるはずのさまざまな福祉や教育制度は、境界域知能については支援の対象としていません。発達障害者支援法をはじめとする福祉制度においても対象ではありません。

　例えば近年、自立に向けた特別支援学校の手厚い教育が評価されるようになり、高等部に入学を希望する生徒が増えました。しかし、日本の特別支援教育制度では、境界域知能は対象ではないので受験資格がありません。学校教育終了後の就労に際しても、障害者雇用促進法の適用外です。通常の教育の中で頑張っていくしかないのです。

　子ども自身の知的水準から生じるさまざまな困難に家庭環境の問題が重なると、非行事例となっていくことも少なくありません。少年鑑別所、少年院などの矯正教育の場では、境界域知能の少年の割合が非常に高くなっています[6]。彼らは、公教育の支えを最も必要としている子どもたちかもしれません。

3.3 　知的障害 (知的発達症／知的発達障害)

　「知的障害」というのは法律用語です。医学的には発達障害のグループですが、法的には「発達障害」ではありません。知的障害については、昭和の時代から「知的障害者福祉法 (当初は精神薄弱者福祉法)」という法律があり、さまざまな支援が行われていました。知的障害のない発達障害に対しては、福祉の法制度がなかったために大きな問題となり、2005 (平成17) 年、ようやく「発達障害者支援法」が施行されたのです。

　発達障害者支援法は、知的障害以外の発達障害をカバーする法律です。そのため、医学的には知的障害も発達障害ですが、法的には発達障害に含まれないというわかりにくい状態になっています。

　DSM-5では、「発達期に発症し、知的機能と適応機能両面の欠陥を含む障害」を知的発達症としています。「発達期」とは、誕生から概ね18歳ぐらいまでの、人間の一生の中で最も大きく発達する時期を言います。「知的機能の欠陥」とは概ねIQが70±5以下、「適応機能の欠陥」とは、日常生

---

[6]　魚住絹代『女子少年院』角川書店、2003年。宮口幸治『ケーキの切れない非行少年たち』新潮社、2019年

表13-1　知的障害の重症度(DSM-5より抜粋)

程度	概念的領域	社会的領域	実用的領域
軽度	教科学習の困難。年齢相応にこなすためには支援が必要	年齢相応の社会的交流や、会話、言語、社会的判断が困難	自分の身の回りのことは、ほぼ年齢相応。複雑な活動は要支援
中度	読み書き計算、時間の理解、お金の使い方は限界がある	家族や友人とのつながりは築ける。社会的判断及び自己決定能力には限界がある	身辺自立を図るには訓練と時間を要する。家事全般は、長い時間訓練すればできる
重度	概念形成は制限される。生涯を通じて支援が必要	話し言葉は制限されていて、単語または二語文程度である	日常生活の全ての活動に支援が必要である。常時見守りが必要
最重度	認知は身体的レベル	表象的コミュニケーションは、かなり限界がある	日常生活の全てについて他者の援助が必要である

表13-2　4つの発達段階(ピアジェ)

段階	年齢	内容
感覚運動期	誕生〜2歳頃	・感覚と運動のシェマに依存して外界を認識 ・目で見たり耳で聞いたりした刺激に対して、手足を使って直接的に反応する ★対象の永続性
前操作期	2〜7歳頃	・表象的思考が可能になる ・直観的な判断 ★自己中心性
具体的操作期	7〜11歳頃	・具体的な対象について論理的に考える ・論理的思考が発達し客観性が生まれることで、学校での学びに対応できる ★脱中心化
形式的操作期	11〜15歳頃	・仮説的・抽象的な状況においても論理的な思考が可能になる

活の一つ以上の活動に限界があることを言います。DSM-5では、「概念的領域」「社会的領域」「実用的領域」のそれぞれについて、表13-1のように重症度を説明しています。知的障害は、発達障害の中でも重い障害の1つですが、療育(教育)による成長が期待できます。

　表13-2は、発達心理学者のピアジェによる4つの発達段階です。近年では、発達加速現象[*7]といって子どもの発達が速くなってきていますが、基本的な段階はピアジェの理論と変わっていません。世界の多くの国で学校教育の開始が7歳前後となっているのは、思考の発達によって論理的な学びに適応できる年齢だからです。

---

*7　時代が進むについて、身体の成熟速度が速くなることを発達加速現象といいます。例えば、初潮の平均年齢は明治期には14 〜 15歳であったものが、近年では12歳前後になっています。しかし、心理的な発達は異なるため、「心と体のアンバランス」と言われる状態が生じやすくなります。

幼児期は具体的な体験を通して、さまざまなことを獲得して（学んで）いきますが、小学校の低学年では、身近で具体的な事柄であれば教科書を読んで理解することができるようになります。ピアジェは、抽象的な思考に対応できるようになるのは11歳頃としていますが、学校教育では小3から小4にかけて学習内容が具体から抽象に移っていきます。ここに「10歳（9歳）の壁」といわれる発達の質的な転換があります[*8]。具体の世界で体験を通してさまざまなことを学んできた子どもが、抽象的思考により経験を統合することができるようになるのです。

知的障害があると、生活年齢（実年齢）とは異なり、発達的に「10歳（9歳）の壁」以前の段階にいることがあります。発達段階によっては、具体的な体験を通した学習が適していることがあります[図13-3]。特別支援学校などで、知的障害のある児童生徒の教育として体験的な学習方法が重視されているのは、この発達段階を考慮しているためです。また、ASDのある場合、知的障害がなくても中枢性統合が弱いために、抽象的思考と体験がうまく統合できないことがあります。そのような児童生徒の場合は、体験を通した学習が必要になることがあります。

自立に向けた教育について考えてみましょう。発達障害がない児童生徒にとっても、就労のイメージはつかみにくいものです。近年は産業構造の変化により、家族の就労の場と家庭が離れているケースが多くなり、「働く」イメージがつかみにくくなりました。学校教育で「キャリア教育」が重要になってきたのは、このような社会背景も一因だろうと思います。

特別支援学校高等部では、体験を通して「働く」イメージを理解することができるように、教育課程に「職場実習」が組み込まれています。知的障

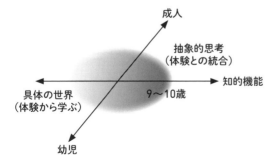

図13-3　発達段階と学びのスタイル

*8　渡辺弥生『子どもの「10歳の壁」とは何か？ 乗りこえるための発達心理学』光文社、2011

害や中枢性統合の弱いASDのある生徒には理にかなった教育方法だといえます。

　高等学校の中でも、職業学科では実習科目が多く設定されていることがあります。生徒の進路を考えるとき、体験を通した学習が合うのか抽象的思考と体験が統合できるのかといった個々の学習スタイルをふまえて判断することが大切です。■

第14章

ライフサイクルからみた発達障害と
さまざまな支援

Introduction

発達障害のある子どもたちは、ずっと同じ状態なのでしょうか？　発達障害がある
と成長しないのでしょうか？

〈あるお母さんの相談〉
お母さん：この頃、うちの子がちっとも親の言うことを聞きません。私が、持ち物
をきちんと片づけるように言うと「うるさい」と言います。ASDがあると、言うこと
を聞かなくて困ります。
私：お母さん、中学2年生の子どもは発達障害があってもなくても親の言うことを
聞きたくない年頃ですよ。順調に反抗できるようになってよかったですね。

私は、何人ものお母さんとこういうやりとりをしています。
性別と同様、「発達障害」は子どもの属性の1つですが、すべてではありません。
乳幼児期には乳幼児期の、思春期には思春期の発達課題があります。発達障
害がありながらも、子どもは成長していきます。

ここでは、それぞれの発達段階の様子について考えてみましょう。

14

1　ライフサイクルからみた発達障害

1.1　愛着の形成

　子どもの誕生から成長する過程では、それぞれの時期において発達課題があります（図14-1）。乳児期には、「愛着（アタッチメント）の形成」がとても重要です。愛着（アタッチメント）とは、子どもが養育者に対して抱く情緒的な絆を指します。愛着は他者とのかかわりの基本であり、乳児期だけでなく成人期にわたり、社会的・情緒的適応にも大きく影響します。

　被虐待児は、「虐待」という環境によって愛着の形成に問題が生じます。状態像は、ある面では発達障害のある子どもとよく似ていますが、症状はむしろ深刻で重篤です。被虐待によるさまざまな症状は心的外傷によるものであり、「反応性愛着（アタッチメント）障害」として、発達障害と区別する必要があります。

　一方、ASDのある子どもは、愛着の形成が遅れることがあります。円満な親子関係に支えられると、成長によって愛着が遅れて形成される事例が多数みられるので、私は，欠落ではなく遅れととらえたいと思っています。

　共同注意の発達に伴って、言語も発達していきます。乳幼児期の発達

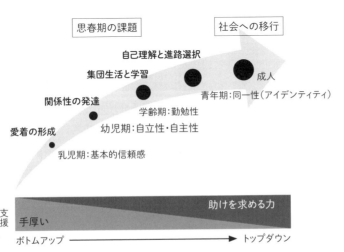

図14-1　発達段階の課題と支援

の問題は、ことばの発達から気づかれることが多く、1歳6か月児健診では単語が10語程度、3歳児健診では二語文が出ていることが一つのチェックポイントになっています。

1.2 就学前の鑑別と支援

保育所や幼稚園に通うようになると、集団での生活が始まります。この段階では、他児とのかかわりや集団生活での適応が問題となるとともに、他児との差が顕在化してきます。また、低年齢の時期には、基本的な身辺自立（排泄、食事、衣服の着脱等）にも発達の状況が大きく影響します。ただ個人差が大きく、また成長も著しい時期なので、障害ではなく発達がゆっくりの、いわゆる「おくて」の子どもとの鑑別には専門的な視点が必要です。近年では、この時期に「5歳児健診」を行い、3歳児健診までに見逃された発達障害をチェックする自治体も増えてきています。

発達障害は早期に療育などの支援が開始されると、その後の良好な成長が期待できます。一部の保育者や家族の中には、乳幼児健診でチェックされないほうがいいという誤解がみられます。しかし、発見の遅れは将来重篤な問題を引き起こしかねません。ですから、健診で支援のニーズを発見して早期支援につながることは、子どもの発達を支えるために重要なことなのです。

1.3 就学後の課題と支援

小学校に入学すると、本格的な集団生活と学習が開始されます。LDは、読む・書く・計算といった学習の障害なので、学校生活が始まることで顕在化します。小学校低学年は具体的な学習が主ですが、3・4年生頃から抽象的な学習になっていきます。発達障害や境界域知能の子どもたちは、小学校3・4年生のいわゆる「10歳の壁」が越えられず、学習を理解できなくなることが増えていきます。それに伴い、自己肯定感の低下による二次的な学校不適応も起こります。不登校が学年を追うごとに増加の一途をたどるのは、理解できない学習が増えることも一因です。小学校から学校教育修了までのアカデミックスキル（学力）が必要です。

集団場面での適応や仲間関係の健康的な発達のためには、基本的なソーシャルスキルも重要です。

1.4 | 思春期以降の支援

　思春期は二次性徴が出現し始めてから完成するまでの期間ですが、ヒトの発達の中で最も変化が激しく、心身ともに揺れる時期です。身体の変化に伴って、性差が明確になるとともに、異性への関心が増します。男性では、テストステロンという男性ホルモンの分泌が活発化することで、攻撃性も高まります。この時期は、行動をコントロールする前頭葉が十分に発達していないので、不安定になりやすい時期といえます。

　知能は、14歳を過ぎると発達の伸びがゆるやかになります。自己への関心が高まるとともに「他者からどう見えるか」が非常に気になります。自己臭恐怖や赤面恐怖などの対人恐怖の症状が出やすいのも、この時期の心性によります。仲間関係の発達に伴い、「私たちは同じ」という一体感を求めることが、反面では異質なものの排除につながり、深刻ないじめ問題を生じやすい時期です。

　青年期の発達課題には、自我（アイデンティティ）の確立があります。「自分探し」のために旅をしたり、さまざまな世界を経験しながら、自我を確立させていきます。青年期には、通学や就職といった進路の選択もあります。このときに自己理解ができていないと、自分に合った進路を選ぶことができません。「自己理解」と「進路選択」が重要な課題となります。

　発達障害があると、さまざまな場面で「合理的配慮」が必要となります。「助けを求める力」が育っていないと、不利益を受けるリスクが高くなります。自分の権利を守るためには、アドボカシースキルが必要になります。アドボカシースキルとは、自分に必要な援助がわかり、必要な場面で援助

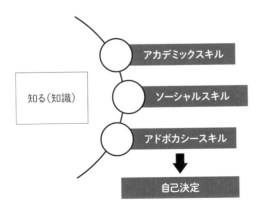

図14-2　自己決定に必要な知識と3つのスキル

を求めるスキルといってよいでしょう。

　子どもは親に守られて成長しますが、青年期以降は親の保護から単立ち、自分の力で生きていくことが必要になります。障害があってもなくても、自分の人生は自分で決める権利があります。自己決定のためには、基本的な知識 (利用できる社会制度やサービスなど)、3つのスキル (アカデミックスキル、ソーシャルスキル、アドボカシースキル) が必要といえます[図14-2]。■

14

2 ライフステージとさまざまな支援

　子どもが誕生してから成人期に至るまで、保健・福祉、教育などの制度が支援をカバーしています（図14-3）。乳幼児健診（1歳6か月児、3歳児）はすべての地域で実施され、早期発見・早期支援の実施を目指しています。就学前は療育センターで特別な訓練を受けながら、地域の保育所や幼稚園に通う子どもが増えています。

　就学年齢になると、子どものニーズに応じた多様な教育の場が選択できます。

2.1 ｜ 教育制度

2.1.1 特別支援教

　2006（平成18）年、教育制度が「特殊教育」から「特別支援教育」に大きく変わりました。特殊教育の時代は、盲、ろう、肢体不自由、知的障害などの障害種ごとに、軽度の場合は特殊学級、重度の場合は盲ろう養護学校

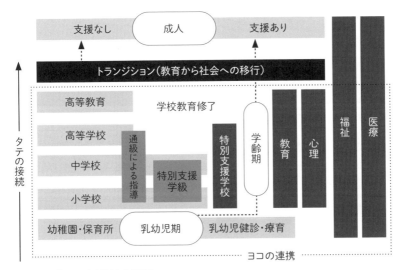

図14-3　誕生からのさまざまな支援制度

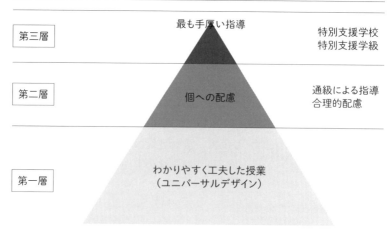

第三層　　　　　　　　　　　最も手厚い指導　　　　　　　特別支援学校
　　　　　　　　　　　　　　　　　　　　　　　　　　　　特別支援学級

第二層　　　　　　　　　　　　個への配慮　　　　　　　　通級による指導
　　　　　　　　　　　　　　　　　　　　　　　　　　　　合理的配慮

第一層　　　　　　　　　わかりやすく工夫した授業
　　　　　　　　　　　　（ユニバーサルデザイン）

図14-4　RTI教育の三階層モデル

と、教育を行う場が分けられていました。しかし特別支援教育では、特別なニーズのある子どもに対して、通常の学級も含むすべての教育の場で、ニーズに応じた特別な支援が行われることとされました。

　さらに、2016（平成28）年には、「障害を理由とする差別の解消の推進に関する法律」（障害者差別解消法）が施行され、障害を理由とした差別の禁止とともに、公的機関においては「合理的配慮」の提供が義務となりました。

　最近は、通常の学級で合理的配慮を受けながら学ぶ子どもが増えています。また通常の教育においてもユニバーサルデザイン（UD）の教育（UD教育）が注目されるようになり、多様な子どもたちが学べるような工夫がされています。

　図14-4はアメリカで一般的となっているRTI（Response to Intervention）モデルを日本の教育制度にあてはめたものです。RTIモデルは、SLDのある子どもの判断をするために、知能検査の結果ではなく、指導に対する効果を用いるものです。指導に対して十分な効果が見られないときに、第一層から第二層、第三層と手厚くしていきます。第一層では、通常の教育においてユニバーサルデザイン（UD）などによりわかりやすく工夫した授業を行います。しかし、これがすべてではありません。UDだけでは十分な指導効果が見られない場合は、第二層の個への配慮として「合理的配慮」の提供や通級による指導が必要です。それでも十分でない場合は、最も手厚い指導として、第三層の特別支援学級や特別支援学校など特別な場での教育を行います。学びの場の選択の自由度は高くなっており、特別支

援学級と通常の学級の移動は双方向で可能であり、進学先も全日制普通科から特別支援学校まで多岐にわたります。

　近年、全国的に特別支援学校高等部の人気が高くなっています。高等部だけの特別支援学校も多数創立され、多くのすぐれた実践が行われています。自立に向けた教育課程が特別に組まれており、例えば職場実習などの体験を通しながら、自分の適性や「働く」イメージを理解できるように工夫されています。

2.1.2　通級による指導

　通常の学級に学籍を置きながら、週のうち1〜数時間を通級指導教室で特別な指導を受けるのが「通級による指導」です。現在、幼稚園から高等学校まで通級指導教室の制度があります。通級指導教室はすべての幼稚園・学校にあるのではなく、地域の中の基幹校に設置されているケースがほとんどです。

　通級指導教室での指導は「自立活動」という特別な教育課程であり、個別の指導計画に基づいて実施されます。子どものニーズに応じて、ことばやきこえの指導、行動のコントロールや社会性の指導などを行います。高等学校では、就労や進学に向けた移行支援にも取り組んでいます。

　2020年には文部科学省から「初めて通級による指導を担当する教師のためのガイド」が示されています。(https://www.mext.go.jp/tsukyu-guide/index.html)

2.1.3　個別の教育支援計画と個別の指導計画

　個別の教育支援計画は、就学前から学校卒業後まで、タテの接続とヨコの連携を含む教育の計画です。個別の指導計画は、特に学校での教育に関する計画です。平成29年改訂の学習指導要領では、特別支援学校、特別支援学級、通級指導教室で教育を受ける児童生徒すべてに、個別の教育支援計画（個別の指導計画）を作成することが義務づけられました。個別の指導計画には、「実態把握」「保護者の願い」「本人の願い」「長期目標（おおむね1年間かけて目指す）」「短期目標（長期目標実現のための短期の目標）」「指導の手立て（合理的配慮を含む）」「評価」などが必要です。一度作成して完了ではなく、Plan-Do-Check-ActのPDCAサイクルで更新してくことが必要です。

　個別の教育支援計画と個別の指導計画は必ずしも両方作る必要はなく、

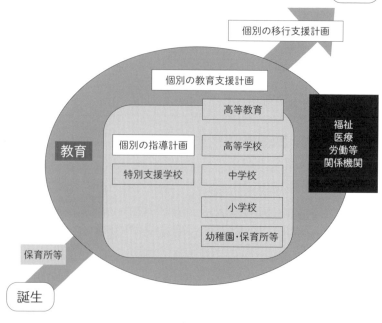

の中のテキスト:

社会

個別の移行支援計画

個別の教育支援計画

高等教育

教育

個別の指導計画

高等学校

特別支援学校

中学校

小学校

幼稚園・保育所等

福祉
医療
労働等
関係機関

保育所等

誕生

図14-5 個別の教育支援計画等

「学校での指導」「タテの接続」「ヨコの連携」が個別に定められることが重要です。

2.2 福祉サービス

現在、全国各地には「発達障害者支援センター」が設置され、福祉サービスを提供しています。学齢期には、児童デイサービスや放課後等デイサービスなどの支援が受けられます。また、障害のある子どもの保護者には、「特別児童扶養手当」や、負担する教育関係経費に対する「特別支援教育就学奨励費」、その他各種支援費制度として補助が支給されます（家庭の経済状況に応じます）。

発達障害のある人は、精神障害者福祉手帳を取得してさまざまな福祉サービスを利用することができます。自治体によっては,療育手帳を取得できる場合もあります。療育手帳を取得すると、知的障害者福祉法に基づいた福祉サービス（精神障害に対するよりも手厚い）を受けることができます。

2.3 | 就労支援

近年、障害のある人の雇用を支援する制度が改善されてきています。2018年からは、精神障害も法定雇用率に算入されるようになりました。2020 (令和2) 年現在、障害者雇用促進法の雇用率は、一般事業所2.2%、国・地方公共団体など2.5%、都道府県教育委員会等2.4%となっており、今後雇用率の引き上げも予定されています。

就労のための準備や訓練を行う機関として、各地に就労移行支援事業所があり、民間事業者も参入しています。

2.4 | 医学・心理──多面的な理解と支援

発達障害のある人は、障害によるさまざまなニーズに応じて、薬物療法などの医学的な治療を受けたり、カウンセリングなどの心理的な援助を受けたりします。

思春期などのストレスフルな時期には、薬物療法が必要になることもあります。

福祉が現実的な生活に関する援助サービスであるのに対して、心理は個人の行動や心情の根底にあるさまざまな葛藤などに対して働きかけると考えてもよいかもしれません。認知行動療法、精神分析、来談者中心療法など、さまざまな心理療法があり、問題のとらえ方やアプローチの方法が異なります。詳細は、それぞれの解説書をご覧ください。 ■

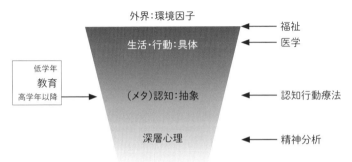

図14-6　多面的な理解と支援

第15章

発達障害の包括的アセスメント
さまざまな心理検査

Introduction

発達障害のある子どもたちの困難の状態を把握し、背景にあるさまざまな要因を分析することを包括的アセスメントといいます。包括的アセスメントに用いる心理検査には、どのようなものがあるのでしょうか。

次の状態を把握するためには、何の心理検査を用いたらよいでしょう？

1. 発達の状況
2. 知的水準全般
3. 知的機能の偏り
4. 認知スタイル
5. 適応状態
6. 語彙
7. ASD の症状とその程度
8. 多動性・衝動性の症状とその程度

本章では、発達障害の包括的アセスメントに用いられる心理検査について概説します。

15

1 包括的アセスメントとは

　発達障害の包括的アセスメントとは、対象となる人に関する主訴（現在最も問題となっていること）、これまでの情報（発達の状況、教育・相談歴等）、環境に関する情報（家庭の状況、幼稚園・保育所や学校の情報等）、心理検査の結果等を総合的に判断し、必要な支援について検討することです。行動観察は最も重要な情報ですが、心理検査は日常生活の状況や行動の背景を理解するために重要な情報を提供してくれます。

　包括的アセスメントのためには、テストバッテリーといって、複数の心理検査を組み合わせて用いることが推奨されます[表15-1]。知的水準は、福祉サービスの対象となるための判断基準となりますが、単にIQを算出するだけではなく、子どもの教育方法選択のためにも活用するべきです。例えば、全般的な知的水準が境界域以下の場合は、具体的な体験を通した学習が効果的です[第13章参照]。また、強みと弱みを把握することで、より効果的な指導につながります。

　知能検査には、ビネー系とウェクスラー系の二つの主流があります。ビネー系知能検査が精神年齢から知能指数を算出するのに対して、ウェクスラー系知能検査は、統計的なデータをもとに、各年齢の平均との比較（個人間差）をもとに知能指数を算出します。さらに、ウェクスラー系知能検査では、知能を複数の能力の総体ととらえ、その個人の中での各能力の状態（個人内差）を、「プロフィール」として示します。発達障害のある子どもの場合、その個人の中での能力の偏りが問題になることが多々あります。その意味で、ウェクスラー系知能検査は基本となるといってよいでしょう。

　どの検査とバッテリーを組むかは、子どものニーズに応じて判断します。適応機能を評価したいのか、言語についてよりていねいにみたいのか、視知覚をみたいのか、テストバッテリーの組み方も心理職の専門性の1つです。心理検査は国家資格の公認心理師などの心理の専門家が実施しますが、その結果を指導方法に活かすのは教育の専門家の役割です。それぞれの専門性を活かした連携が必要です。　■

表15-1　発達障害に関連して利用される心理検査

種類	名称	対象	特徴
発達検査	新版K式 発達検査2020	0か月～成人	姿勢・運動、認知・適応、言語・社会の3領域の評価と発達指数(DQ)を算出
	遠城寺式 乳幼児分析的 発達検査	0か月～ 4歳7か月	運動・社会性・言語の3分野6領域で診断。開発が古い検査だが、実施が簡便なため福祉関係では現在も利用されている
知能検査	WPPSI-III	2歳6か月～ 7歳3か月	全検査IQ(FSIQ)、言語理解指標(VCI)、知覚推理指標(PRI)、語い総合得点(GLC)を算出
	WISC-IV 知能検査	5歳0か月～ 16歳11か月	全検査IQ(FSIQ)と言語理解(VCI)、知覚推理(PRI)、ワーキングメモリ(WMI)、処理速度(PSI)の4指標得点の算出により個人内差を把握
	WAIS-IV 知能検査	16歳0か月～ 90歳11か月	ウェクスラー系知能検査の成人版
	田中ビネー 知能検査V	2歳～成人	ビネー系知能検査。2～13歳には精神年齢(MA)の算出
	グッドイナフ 人物画知能検査	3歳～ 8歳6か月	人物の全身の描画からIQを見る。対人認知の問題や、不安なども反映
認知検査	KABC-2心理・ 教育アセスメント バッテリー	2歳6か月～ 18歳11か月	認知尺度(継次、同時、計画、学習)、習得尺度を算出。ルリア理論およびCHC理論のモデルに基づく。教育・指導に直結
	DN-CAS認知 評価システム	5歳0か月～ 17歳11か月	PASS理論に基づき、プランニング、注意、同時、継次の側面を評価。再検査による評価可能
適応機能 の評価	Vineland-II 適応行動尺度	0歳～ 92歳11か月	養育者に半構造化面接を行い、適応行動の4つの領域(コミュニケーション、日常生活スキル、社会性、運動スキル)を評価。適応行動総合点を算出
	S-M社会生活 能力検査第3版	乳幼児～ 中学生	養育者や担任教師などが回答。身辺自立、移動、作業、コミュニケーション、集団参加、自己統制の領域を評価
関連する 検査	PVT-R絵画 語い発達検査	3歳0か月～ 12歳3か月	語いの理解力の発達を短時間に評価
	DTVP フロスティッグ 視知覚発達検査	4歳0か月～ 7歳11か月	5つの視知覚技能を測定
	BGTベンダー ゲシュタルトテスト	児童用5歳～ 10歳、成人用 11歳～	図形模写によって視覚・運動形態機能を評価
	PARS-TR	3歳以上	養育者に面接を行い、ASDの特性と支援ニーズを評価
	ADOS-2	12か月以上	自閉症の行動観察尺度。年齢、言語能力に応じて5種類。ASD特性と重症度を行動観察と面接を通して評価
	ADI-R	精神年齢 2歳0か月以上	養育者対象。ASD診断評価のための面接ツール
	SRS-2 対人応答性尺度	2歳半～ 18歳	養育者または教師などが回答。高機能のASDの同定に有効
	SP 感覚プロファイル	3歳～82歳	養育者や介護者などが回答。感覚過敏の問題など感覚刺激の反応を評価
	ADHD-RS	5歳～18歳	ADHD診断のための尺度
	MSPA		発達障害の要支援度評価尺度。当事者や養育者が回答。14項目から多面的に評価

15

2　WISC-Ⅳ

　ウェクスラー系知能検査は、プロフィール算出により、検査を受けた個人の強みや弱みを把握できるのが特徴です。年齢に応じて幼児版のWPPSI、児童版のWISC、成人版のWAISを用います。

　WISC-Ⅳでは、全検査IQと4つの指標得点（言語理解、知覚推理、ワーキングメモリー、処理速度）で知的能力を測定します。「言語理解」指標は「言葉で考えたり説明したりする能力」、「知覚推理」指標は「絵や図などを見て推理したり、情報をまとめる能力」、「ワーキングメモリー」指標は「必要な情報を頭の中にとどめ処理する能力」、「処理速度」指標は「視覚情報を素早く正確に処理する能力」を、それぞれ評価しています（2020年現在WISC-Ⅴの標準化作業が行われているので、数年後には改訂されるでしょう）。■

3 KABC-II 心理・教育アセスメントバッテリー

KABC-II は、ウェクスラー系の知能検査とは別の側面から認知能力を測定します。KABC-II で測定するのは、「認知尺度」と「習得尺度」です。

「認知尺度」は全般的認知能力を測定しており、「知能」に近いものです。「認知尺度」は、さらに4つの下位尺度（「継次尺度」「同時尺度」「計画尺度」「学習尺度」）に分類されます。「継次尺度」は「聴覚情報や視覚情報を順番に処理する能力」、「同時尺度」は「複数の視覚情報を総合的に処理する能力」、「計画尺度」は「問題解決の方略を決め、課題を実行する能力」、「学習尺度」は「注意機能と符号化と記憶、統合」を評価します。

一方「習得尺度」は、これまでの学習習得の度合いを分野別に測定します。「語彙尺度」は「語彙の獲得、表現、内容の理解の能力」、「読み尺度」は「文字や熟語の読み、文章を読んで理解する能力」、「書き尺度」は「文字や熟語、文を書く能力」、「算数尺度」は「計算や数の処理能力、抽象的な記号操作、数概念」を評価します。 ■

15

4 Vineland-II 適応行動尺度

Vineland-II適応行動尺度は、標準化された適応機能の尺度です。対象者の様子をよく知っている回答者（保護者や介護者など）に対し、検査者が半構造化面接を行って実施します。半構造化面接とは、あらかじめ基本となる質問は決まっていますが、回答者の反応に合わせて柔軟に補助質問を行って対話を深めていく面接形式です。適応範囲は0歳〜92歳までと幅広く、福祉、医療、教育、研究等さまざまな分野で活用できます。4つの領域（「コミュニケーション」「日常生活スキル」「社会性」「運動スキル」）についての「領域標準得点」、それらを総合した「適応行動総合点」により、対象者の適応行動の全体的な発達水準を把握します。

それぞれの下位検査の粗点を元に、「v評価点」を算出します。「v評価点」は、年齢ごとの相対位置を示す指標で、平均15、標準偏差3で表すように作成されています。「v評価点」の合計から求める「領域標準得点」、領域標準得点合計から求める「適応行動総合点」は、平均100、標準偏差15の標準得点です。■

5 行動観察の重要性と心理検査の結果の解釈

　心理検査の結果は、必ず日常生活の様子など行動観察からの情報と合わせて検討しなければいけません。包括的アセスメントの際に、行動観察は最も重要な情報です。行動観察のポイントは、①学習の状態、②粗大運動（全身の運動）、微細運動（手指の運動）の状態、③行動の状態（多動・衝動性、不注意）、④社会性の状態、⑤興味関心、⑥その他特記事項、などです。行動観察からの情報と心理検査の結果が一致すれば、検査結果から日常生活での困難を推測することができます。例えば、書く事を嫌がる子どもが、WISC-Ⅳの処理速度の結果が低くマスからはみ出すなど不器用さも認めれた、などです。このケースでは、不器用があるために書字の困難が生じた可能性を考える必要があるでしょう。

　しかし、時には、行動観察からの情報と検査結果が一致しないことがあります。WISC-ⅣやKABC-Ⅱなどの心理検査は、静かな環境で個別に実施しなければいけません。実施の方法も厳格に決められています。いわば、日常生活とは異なる条件の下で実施します。そのために、子どもによっては、心理検査の結果と日常生活の様子が一致しないのです。

15

　例えば、ワーキングメモリは「注意」の機能と深くかかわっているのですが、日常生活では不注意による失敗が多いのに、WISCの「ワーキングメモリー」指標の結果は良好である、というケースがあります。日常生活の状態と心理検査の結果が一致しない例です。このような場合は、一致しない理由を検討します。もしかしたら余計な刺激のない個別の環境であればうまくやれるけれども、学校生活などでは、刺激が多すぎるためにやり遂げられないのかもしれません。注意の状態について確認します。

　包括的アセスメントは、子どもに関する情報を総合的に判断し、必要な支援について検討するために行います。ですから、日常生活の状態に応じた支援の検討でなければいけません。心理検査の結果は、表面上に現れている行動の背景にある要因を探るために有用ですが、必ず、行動観察の結果と合わせて検討する必要があります*。■

---

* さらに詳しく知りたい人は、辻井正次監、明翫光宜他編（2014）発達障害児支援とアセスメントのガイドライン、金子書房をご覧ください。

脳についての基礎知識

1 脳の基本構造

　脳は大別すると、大脳、小脳、脳幹という3つの部分で構成されています[図付-1]。大脳は、ヒトの脳の大部分を占め、人間としての思考と行動を司っています。大脳の後ろ側（後頭葉）の下部には小脳があり、運動系の統合的な調節を行っています。脳の中心部には脳幹があり、意識・呼吸・循環など生命維持に必要な機能を司っています。

　かつては、脳の特定の領域が特定の機能を担っている（局在）という考え方が中心でした。近年の脳科学では、基本的な役割は一つの領域が担うというよりも、中心となる複数の部分が共同したネットワークとして機能しているという考え方に変わってきています。この本では、概要の説明にとどめます。■

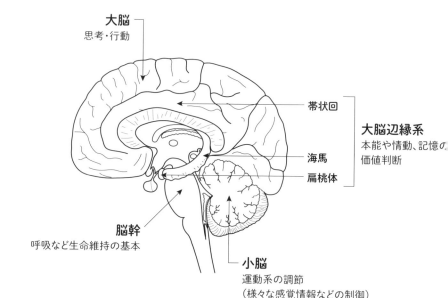

図付-1　脳の基本構造

2　大脳の働き

　大脳 (cerebrum) は、ヒトの脳の大部分を占めています。大脳半球の表面の大部分は新皮質で占められています。大脳皮質 (cerebral cortex) は、前頭葉・後頭葉・頭頂葉・側頭葉の領域に区分されます[図付-2]。

2.1 ｜ 新皮質の機能

　大脳の新皮質は、運動や感覚を受け持つ働きや、意識や思考などの高次の精神活動を営む働きをしています。

　ブロードマン (Korbinian Brodmann) は、大脳皮質を47領野に分け、大脳地図を作成しました (ブロードマンの脳地図として有名です[図付-3])。

2.2 ｜ 前頭葉・前頭前野

　前頭葉は、名前のとおり大脳の前部に位置し、前頭前野、運動野、運動

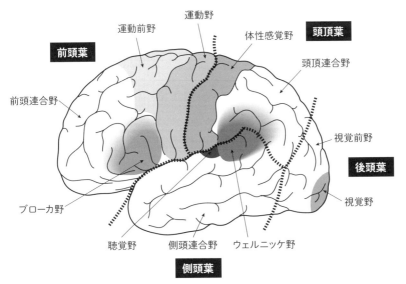

図付-2　大脳皮質

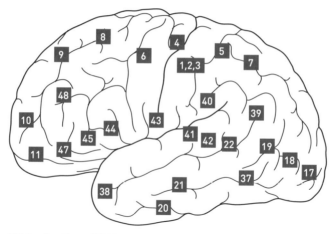

図付-3　ブロードマンの脳地図

前野などを含んでいます。

　さまざまな「コントロール」には、前頭前野が関与しています。事故や疾患のために前頭葉を損傷した患者は、知能が保たれているにもかかわらず、日常生活で大きな困難を生じます。前頭前野は行動、背外側前頭前野は行動の認知、眼窩‐腹内側前頭前野は行動の情動、それぞれのコントロールに役割を果たしています[1]。

　最も有名な前頭前野損傷患者は、フィネアス・ゲージ（Phineas Gage）です。ゲージは19世紀、アメリカで鉄道建設の現場監督をしていましたが、建設現場で火薬の爆発事故があり、爆風で吹き飛ばされた鉄の棒がゲージの左の頬から額を突き抜けたのです。治療により一命をとりとめましたが、人格が一変してしまいました。事故以前は有能な現場監督だったのですが、事故後は気まぐれで下品、怒りっぽく移り気で、物事を計画的に進めることができなくなっていました。

　彼のような患者の例から、前頭葉の重要な役割が明らかになってきたのです。前頭連合野は、脳のさまざまな領域から情報を受け取ると同時に、情報を出力・発信し、情報処理過程をコントロールしているのです。前頭前野は、脳の司令塔といってもよいでしょう。

*1　Kandel E. R., et al., (2013) Principles of Neural Science Fifth Edition, The McGraw-Hill Companies, Inc.（金澤一郎、宮下保司監修（2014）カンデル神経科学、メディカルサイエンスインターナショナル）

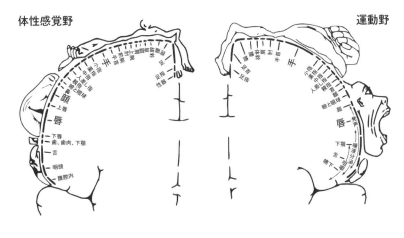

体性感覚野   運動野

図付-4　ペンフィールドの体部位再現地図

2.3 ｜ 運動野と知覚野の地図

　ペンフィールド（Wilder Graves Penfield）は、脳外科手術の際の患者の観察から、脳の体性感覚野と、運動野にはそれぞれ特定の身体部分に反応する場所があることを発見しました。それを表したのが体部位再現地図です[図付-4]。頭頂部から側頭部に向けて、身体の各部に対応する神経細胞が並んでいます。感覚の鋭敏な部分は、大きな場所を占めていることがわかります。体性感覚野は頭頂葉の前端部（中心後回）にあり、皮膚などの体性感覚の中枢を担っています。

　視覚野は、後頭葉の内側面、鳥距溝の周囲にあります。聴覚野は、側頭葉の上面に、味覚野は体性感覚野（中心後回）の最下部、嗅覚野は辺縁皮質に、それぞれ領域があります。

2.4 ｜ 右脳と左脳

　大脳は、右半球（右脳）と左半球（左脳）で、異なった役割を果たしています。右利きの人のほとんど、左利きの人の多くで左半球が言語を担っています。利き手に関係なく95％以上の人は、文法、語彙、音素集合、音声生成において、左半球に依存しています。左脳は右半身の機能を、右脳は左半身の機能を担っています。右目や右手から入った情報は、左脳で

処理されます。事故や病気で右半球が損傷すると左半身にマヒが生じますが、左半球が損傷すると右半身のマヒだけでなく失語症が生じます。

　左側頭葉のウェルニッケ野（感覚性言語野）と前頭葉のブローカ野（運動性言語野）の2つの言語中枢が、言葉や文字を理解したり、言葉で表現したりするための中心的な役割を担っています。ウェルニッケ野（感覚性言語野）は側頭葉にあり、相手の言葉や自分自身の言っていることの理解、文章の理解といった「言語理解」の機能を担っています。ウェルニッケ野を損傷すると、「ウェルニッケ失語」といって、話し言葉や書き言葉の意味がわからなくなります。

　ブローカ野（運動性言語野）は前頭葉にあり、言葉を話したり文章を書いたりする際の一連の運動を司っています。ブローカ野を損傷すると、相手の言っていることは理解できるのに話すことができなくなる「ブローカ失語」になります。近年の研究によって、言語に関しては、左半球にさらに多くの領域が関与してネットワークを構成していると考えられるようになりました。

　ブローカ野、ウェルニッケ野、島皮質の一部、大脳基底核は、言語の実装システムを形成しています。この実装システムは、入力される聴覚情報を分析して知識を働かせ、音素・文法の補助、発話のコントロールを行います。さらに、媒介システム（側頭、頭頂、前頭部）を介して概念システムとつながっています。

　大きくとらえると、言語中枢のある左脳は、論理的な思考や計算、言語能力を担っており、右脳は、視空間的（映像的・音楽的）情報処理を担っています。脳に入ったさまざまな情報は、脳梁（左脳と右脳をつなぐ領域）によって、左右それぞれに伝達されます。　　　　　　　　　　　　　　　■

3　大脳辺縁系の働き

　大脳辺縁系の領域は、研究者によってとらえ方が異なります。大まかにいって、扁桃体、海馬、帯状回などを指すと考えてよいでしょう^[図付-1参照]。

　大脳辺縁系は古皮質（古い＝原始的な脳）であり、情動、価値判断、記憶の中枢です。扁桃体は情動に深くかかわっています。扁桃とはアーモンドのことです。アーモンドのような形をしているので扁桃体といいます。のどにある扁桃腺とは全く別のものです。扁桃体は、視覚や聴覚などの感覚情報と、側頭連合野や前頭連合野からの入力を受け取ります。扁桃体のニューロンが、自分にとって意味のある物体や事象によく反応することから、意味づけに関係すると考えられています。

　また、扁桃体は条件づけに対して重要な役割を果たしていると考えられています。ラットやマウスに、音を聞かせると同時に電気ショックを与え続けると、やがて音を聞いただけで、電気ショックを受けたのと同様に、フリージング（すくみ）や、血圧・心拍数の上昇を示すようになります。これを条件性恐怖反応（恐怖条件づけ）といい、扁桃体が関与しています。

　2020年本屋大賞翻訳小説部門第1位となった『アーモンド』という小説は、この扁桃体の異常がある少年の成長の物語です。

　海馬は、学習、記憶と深い関係があります。海馬が破壊されると、新しい出来事が覚えられなくなる「順行性健忘」という症状が出ます。しかし、古い記憶そのものは残っているのです。このことから、海馬は、たくさんの経験の中から記憶する必要のあるものを選ぶ機能を果たしていると考えられます。記憶は海馬で選択され、側頭葉に保存されるのです。■

4　小脳の働き

　小脳 (cerebellum) は、左右小脳半球、虫部から成り、運動系の統合的な調節を行っています。小脳の機能は、姿勢や四肢の運動のコントロールにかかわる脊髄小脳、運動のプランニングや運動以外の機能にかかわる大脳小脳、頭部と眼球の運動コントロールにかかわる前庭小脳に区分されます。小脳が障害されると、運動失調症 (ataxia) や平衡障害、筋緊張障害などが起こります。

　最近の研究では、小脳が運動以外の場面でも活発に働いていることや、小脳の損傷により運動以外の障害が生じることなどが明らかにされてきており、バウアー (James M. Bower) らは、小脳の機能について従来の考え方を検討する必要性を指摘しています。運動の制御だけでなく、実行機能や情動の制御、さまざまな感覚情報の制御などにもかかわっている可能性が検討されています。　　　　　　　　　　　　　　　　　　　　　■

5　高次脳機能と脳内ネットワーク

　高次脳機能には、連合野が重要な役割を果たしています。

　連合野は、大脳皮質内で互いに連合して機能を行う領域で、頭頂連合野、側頭連合野、前頭連合野の3つがあります[図付-2参照]。

　頭頂連合野は、さまざまな感覚情報の統合を行っています。頭頂連合野が障害されると「半側空間無視（片側の視野にあるものを認識できない）」などの症状が現れます。側頭連合野は、視覚認知、聴覚認知、記憶などの機能を担っています。側頭連合野が障害されると、失認、失読、失書などの症状が現れます。前頭連合野は、人格に深くかかわる部分で、さまざまな思考や判断、実行機能などを担っています。

　近年の脳科学の発展により、高次の機能は脳の一部分が担うというよりも、複数の部位が連携してネットワークとして機能することがわかってきました。ネットワークの一つに、デフォルトモードネットワークがあります。これは、安静時に活動が高まり、課題に取り組むときには活動が低下する脳のネットワークです。領域としては、前頭葉内側部、帯状回後部、脳梁膨大部近傍、前頭葉内側部（楔前部）などがネットワークを形成しています。

　特定の目標に向かっている時には前頭葉外側部、頭頂側頭外側部の活動が活発になりますが、これに応じるようにデフォルトモードネットワークは活動が低下します。チームプレイのように協調して機能するネットワークですが、この協調がうまくいかなくなると、さまざまな不調が生じます。

　報酬系も、発達障害に関連するネットワークの一つです。報酬系は、ある欲求が満たされた時に活発になる脳内のネットワークで、ドーパミン神経系が関与して側坐核、前頭前野、線条体等多くの領域がかかわっています。ADHDでは、報酬系の問題が行動のコントロールに影響していると考えられています[*2]。■

---

*2　さらに詳しく知りたい人は、下記の文献などを参考にしてください。堀忠雄・尾崎久記監、室橋春光・苧阪真理子編『生理心理学と精神生理学 第Ⅲ巻　展開』北大路書房、2018年。苧阪直行編『社会脳科学の展望』新曜社、2012年

Column

虐待と発達障害

　近年、児童虐待が表面化するようになり、社会の関心が高くなっています。虐待には①身体的虐待、②心理的虐待、③ネグレクト、④性的虐待などがあります。ネグレクトとは、食事を与える、清潔に保つ、病気の時は治療を受けるなどの、子どもに必要な養育を行わないことです。心理的虐待には、面前DVといって、子どもの前で夫婦間の暴力行為（ドメスティックバイオレンス：DV）を見せることも含まれます。

　虐待を受けている子ども（被虐待児）は、発達障害によく似た症状を示すことがあり、中には、ADHDやASDと診断名がついているケースもあります。本来、虐待によるさまざまな症状には「反応性愛着（アタッチメント）障害」という診断がつきます。脳の発達上の問題である発達障害と、環境的な問題が原因である虐待は、本来別のものですが、ある面では虐待と発達障害とは関係があります。

　子どもに障害があると、育てにくさから虐待関係になることがあります。また以前は、虐待が原因で生じる情緒障害は、環境が改善されれば回復すると考えられていました。しかし近年の研究によって、児童虐待やネグレクト、マルトリートメント（不適切な養育）によって子どもの脳（特に海馬を中心とした大脳辺縁系）が深刻なダメージを受けることが

付

わかってきています＊。

　児童虐待は、下記のようなさまざまな要因が重なって起こります。
① 養育者の状況：育児不安、第一子出産、母親が10代、養育者の
　 性格的傾向、養育者の感情・情緒不安定、養育者の精神疾患
② 子どもの状況：低出生体重児、子どもの疾患・障害、発達の遅れ
③ 養育環境：ひとり親家庭、内縁関係の家庭、転居、地域からの孤
　 立、子連れ再婚家庭、長期分離有り、定職無し、経済不安

　虐待は世代を超えて連鎖しやすいといわれています。虐待を行っ
ている親の生育歴を見ると、親自身も虐待を受けて育ってきた例が少
なくありません。子どもの適切な育て方がわからないための虐待関
係とも考えられます。親も支援が必要だといえます。

　虐待の可能性を感じたら、まずは子どもと一貫して安定した関係を
作ることを心がけます。親にも支援が必要なので、孤立させない配
慮が必要です。虐待の事実を確認したら、児童相談所に通告しなけ
ればなりません。学校は、子どもの安全を保障し、児童相談所と連携
して、子どもを救うために行動します。2019（令和元）年12月より、虐
待の通報ダイヤル「189」が無料になりました。■

＊ 友田、2012

参考文献

- American Psychiatric Association、髙橋他訳：DSM-IV-TR 精神疾患の分類と診断の手引 新訂版、医学書院、2002.
- American Psychiatric Association (2013) Diagnostic and Statistical Manual of Mental Disorders Fifth Edition, *American Psychiatric Publishing*, Arlington (髙橋三郎・大野裕監訳 (2014) DSM-5 精神疾患の診断・統計マニュアル、医学書院).
- Baddeley, A.:The episodic buffer : a new component of working memory?, *Trends in cognitive science*, 4, 417-423, 2000.
- Bolte, S., Gildrer,S.,Marschik, P. B., (2019). The contribution of environmental exposure to the etiology of autism spectrum disorder. *Cellular and Molecular Life Sciences*. 76 (7), 1275-1297.
- Bourgeron, T., (2016). Current knowledge on the genetics of autism and propositions for future research. *Computes Rendus Biologies*. 339, 300-307.
- Cai W., Chen T.,Szegless L., Supekar K., Menon V., (2018) Aberrant Time-varying Cross-Network Interactions in Children with Attention-Deficit/Hyperactivity Disorder and Its Relation to Attention Deficits . Biological Psychiatry: *Cognitive Neuroscience and Neuroimaging*, 3 (3) ,263-273.
- キャロル・グレイ著、服巻智子・大阪自閉症研究会訳：ソーシャルストーリー・ブック 書き方と文例、クリエイツかもがわ、2005.
- キャロル・グレイ著、門眞一郎訳：コミック会話 自閉症など発達障害のある子どものためのコミュニケーション支援法、明石書店、2005.
- Castellanos F.X., Lau E, Tayebi N.et al. :Lack of association between adopamin-4 recepter polymorphism and attention deficit/hyperactivity disorder：genetic and brain morphometric analyses, *Molecular Psychiatry*, 3：431-434,1998.
- Castellanos F. X., Margulies D. S., Milham M. P., (2008) Cingulate - Precuneus Interactions: A New Locus of Dysfunction in Adult Attention-Deficit/Hyperactivity Disorder, *Biological Psychiatry*. 63 (3), 332-337.
- Chevallier,C., Kohls,, G., Troiani,V., Brodkin, E.S., Schultz, R.T. (2013) The Social Motivation Theory of Autism. *Trends Cognitive Science*, 16 (4) : 231-239.
- Coltheart, M., Rastle, K. & Perry, C. et al. (2001) :DRC: A Dual Route Cascaded Model of Visual Word Recognition and Reading Aloud. *Psychological Review*, 108 (1), 204-256.
- Daniel G. Amen : Healing ADD, Putnam's Sons Publishers.
- ダニエル・タメット著、古屋美登里訳：ぼくには数字が風景に見える、講談社、2007.
- 船橋新太郎 (2005) 前頭葉の謎を解く、京都大学学術出版会.
- Fantz, R. L. (1961). The origin of form perception. Scientific American、204 (5), 66-72.
- Frith,U. C.,Frith,U., (2006). The Neural Basis of Mentalizing. Neuron. 50 (4). 531-534.
- 後藤祐介 (2016) 認知神経科学から見た前頭葉の発達、認知神経科学、18 (2)、p81.
- 開一夫・長谷川寿一編：ソーシャルブレインズ 自己を認知する脳、東京大学出版会、2009.
- 平山諭：脳科学から見た機能の発達、ミネルヴァ書房、2003.
- 今泉敏 (2003) 発話中枢機構と吃音のメカニズム、音声言語医学、44、111-118.
- 井潤知美 (2017) 遊びを通じて社会性の発達を促す—JASPERプログラム—、心と社会48 (3)、43-49、日本精神衛生会.
- 神保恵理子、桃井真理子 (2015) 発達障害における遺伝性要因 (先天性素因) について、脳と発達、47、215-219.
- J.M.バウアー・L.M.パーソンズ著：小脳の知られざる役割、日経サイエンス11月号、2003.
- 海津亜希子：個別の指導計画作成ハンドブック—LD等、学習のつまずきへのハイクオリティーな支援、日本文化科学社、2007.
- Kandel E. R., et al., (2013) Principles of Neural Science Fifth Edition, The McGraw-Hill Companies, Inc. (金澤一郎、宮下保司監修 (2014) カンデル神経科学、メディカルサイエンスインターナショナル)
- 川畑秀明 (2010) 箱田裕司、都築誉史、川畑秀明、萩原滋著、認知心理学第4章 注意、有斐閣.
- Kennerknecht, I., Grueter, T., Welling, B., et al. (2006) First report of prevalence of non-syndromic hereditary prosopagnosia (HPA). *American Journalof Medical Geneics*. A., 140: 1617-1622.
- Kennerknecht, I., Ho, N. Y. & Wong, V. C. (2008) Prevalence of hereditary prosopagnosia(HPA) in Hong Kong Chinese population. *American Journalof Medical Geneics*. A., 15: 2863-870.

- 北岡明佳監：Newton別冊 脳はなぜだまされるのか？ 錯視完全図解、ニュートンプレス、2007.
- Koegel, R. N., Koegel, L. K., (2012) The PRT Pocket Guide: Pivotal Response Treatment for Autism Spectrum Disorders. Paul H. Brooks Publishing.
- 厚生労働省大臣官房統計情報部『生活機能分類の活用に向けて―ICF（国際生活機能分類）：活動と参加の基準』2007年.
- 黒谷亨：絵でわかる脳のはたらき、講談社、2002.
- Leblanc, E., Degeih, F., Daneault, V., Beauchamp, M. H., Bernier, A., (2017) Attachment Security in Infancy: A Preliminaly Studyof Prospective Links to Brain Morphometry in Late Childhood, *Frontiers in Psychology* 8, 2141.
- メアリアン・ウルフ著、小松淳子訳：プルーストとイカ 読書は脳をどのように変えるのか?、インターシフト、2008.
- 宮口幸治（2019）ケーキの切れない非行少年たち、新潮社.
- 文部科学省「学習障害児に対する指導について」平成11年.
- 文部科学省：今後の特別支援教育の在り方について（最終報告）（特別支援教育の在り方に関する調査研究協力者会議 2003年3月28日答申）、2003.
- 森田佑介（2019）実行機能の発達の脳内機構、発達心理学研究、30（4）、202-207.
- 森寿・真鍋俊也・渡辺雅彦・岡野栄之・宮川剛編：改訂第2版 脳神経科学イラストレイテッド、羊土社、2006.
- 森浩一（2008）脳機能研究から吃音治療を展望する、コミュニケーション障害学、25、121-128.
- M. Selikowitz：ALL ABOUT A.D.D., Oxford University Press, 1995.
- 日本LD学会編：日本LD学会 LD・ADHD等関連用語集 第2版、日本文化科学社、2006.
- 日本LD学会：LD・ADHD等心理的疑似体験、2007.
- 日本精神神経学会監『DSM-5 精神疾患の診断・統計マニュアル』医学書院、2014年.
- ニキ・リンコ・藤家寛子：自閉っ子、こういう風にできてます!、花風社、2004.
- 日経サイエンス編集部編：別冊日経サイエンス159 脳から見た心の世界 part3、日経サイエンス、2007.
- 太田豊作、岸本年史（2013）注意欠如・多動性障害における認知機能障害、臨床精神医学、42（12）、1497-1503.
- 小野真・佐久間徹・酒井亮吉（訳）（2016）発達障がい児のための新しいABA療育 PRT、二瓶社.
- 苧阪満里子：脳のメモ帳ワーキングメモリ、新曜社、2002.
- Ozonoff, S., Pennington, B., Rogers, S., (1991) Executive Function Deficits in High-Functioning Autistic Individuals: Relationship to Theory of Mind, *The Journal of Child Psychology and Psychiatry*. 32（7）, 1081-1105.
- ポール A.アルバート・アン C. トルートマン著、佐久間徹監訳：はじめての応用行動分析 日本語版第2版、二瓶社、2004.
- R.A. Barkley：Attention-deficit/hyperactivity disorder, self- regulation, and time：Toward a more comprehensive theory, *Journal of Developmental and Behavioral Pediatrics*, 18：271-279, 1997.
- R.A.McCarthy・E.K.Warrington著、相馬芳明、本田仁視監訳：認知神経心理学、医学書院、1996.
- Rogers, S., Dawson, G., (2009) Early Start Denver Model for Young Children with Autism, Guilford Press.
- Rogers, S., Dawson, G., Vismara, L. A., (2012) An Early Start for Your Child with Autism, Guilford Press.
- ラッセル・A・バークレー、海輪由香子他訳：バークレー先生のADHDのすべて、VOICE、2000.
- 坂上裕子、山口智子、林創、中間玲子（2014）問いから始める発達心理学、有斐閣.
- 榊原洋一：脳科学と発達障害 ここまでわかったそのメカニズム、中央法規出版、2007.
- 佐々木正美編：自閉症のTEACCH実践、岩崎学術出版社、2002.
- 新星出版社編集部編：徹底図解 脳のしくみ、新星出版社、2007.
- Sonuga-Barke EJ1, Fairchild G. (2012) Neuroeconomics of attention-deficit/hyperactivity disorder: differential influences of medial, dorsal, and ventral prefrontal brain networks on suboptimal decision making?. *Biological Psychiatry*. 72（2）. 126-133
- 高木隆郎編：自閉症と発達障害研究の進歩、Vol.7、星和書店、2003.
- 高木隆郎編：自閉症と発達障害研究の進歩、Vol.10、星和書店、2006.
- トーマス・グリューター：顔が覚えられない「相貌失認」という障害、日経サイエンス2008年1月号臨時増刊 心のサイエンス Vol.03、38-45、日経サイエンス、2008.
- 十一元三：アスペルガー障害の神経学的基盤、精神科、5（1）：6-11、科学評論社、2004.
- 十一元三編：特集アスペルガー障害、こころのりんしょう、25（2）、星和書店、2006.
- 十一元三（2018）心の健やかな発達/つまずきと脳、心の科学200、28-33、日本評論社.
- 特別支援教育士認定協会編：S.E.N.S養成セミナー特別支援教育の理論と実践、金剛出版、2007.
- 友田明美（2012）いやされない傷 児童虐待と傷ついていく脳、診断と治療社.
- 鳥居深雪・吉田圭吾（2013）発達障害の子どもたちは東日本大震災をどのように体験したか：震災体験と子どもの回復、児童青年精神医学とその近接領域、54（5）、609-621.
- 宇野彰、波多野和男：高次神経機能障害の臨床はここまで変わった、医学書院、2002.
- 魚住絹代（2003）女子少年院、角川書店.
- V.S.Ramachandran,L.M.Oberman：自閉症の原因に迫る、日経サイエンス、2007.
- 渡辺弥生（2011）子どもの「10歳の壁」とは何か？ 乗りこえるための発達心理学、光文社.

参考文献

索引

あとがき

　改訂版の執筆を始めたときは、現在のCOVID-19のことなど夢にも思っていませんでした。

　ただ、この10年の研究の進歩や制度の変化が大きく、「こんなにも変化していたのか」とあらためて、痛感しながらの改訂作業でした。

　2020年になるとほぼ同時に、COVID-19感染拡大が始まりました。その後の生活の激変は、みなさんが体験している通りです。「こんなにも変化するのか」と痛感することになりました。

　大変な生活の中でも、人は知恵を絞り工夫をし、苦難を乗り越えようとしています。あらためて、人間の持つ可能性と素晴らしさを感じています。

　変化に応じて新しい工夫を創造したり、柔軟に方法を変化させたりすることは、どんなにAIが進歩しても、人間でなければできないことのひとつです。COVID-19を、単なる災厄としてしまうのではなく、多様性の包含に向かうチャンスとすることができれば、この困難は将来の進歩につながるでしょう。

　困難に直面している多くの人に思いを寄せつつ、難局を乗り越えて未来につなぐための知恵と努力を惜しまずに重ねていこうと思います。

2020年6月　神戸にて

初版 **あとがき**

　「脳科学の成果を教育に生かしたい」そう考えるようになってから、何年かが経ちます。脳科学を学ぶために入った大学院も、修了のときがきました。どこまで解明できたか、と聞かれると、「まだまだ」と答えるしかありません。峠まで来ると、頂はさらに向こうにあるのです。私自身のテーマである、高機能ASDの記憶に関する研究も、まだ途上です。

　この世界は日進月歩。多くの研究者が、先を争うようにして脳機能の解明に取り組んでいます。昨日まで最先端だった理論が、新しい発見が報告されれば、一気に無用になってしまうことさえあり得るのです。

　そんな中ではありますが、現段階でわかっていることを少しでもわかりやすく伝えられればと思い、執筆に取り組みました。私自身が未消化なもの、どうしても専門用語でしか説明できないものなどがあり、わかりやすく説明できていない部分が残ってしまいました。そういった部分は課題として、今後の活動の中で工夫していけたらと思っています。

　障害のある子どもたちの支援をしていると、さまざまなことを「ポジティブに」考えるようになります。「うまくできたところはほめ、うまくできなかったところは修正する」……。十分でなかったところは、「次の目標」として、前向きに取り組んでいくことを、みなさんにお許しいただけると幸いです。

　そして、私にたくさんのことを教えてくれる、子どもたちと保護者のみなさまに、心から感謝しています。企画段階から励ましてくださった編集の國保さん、ソーシャルスキルトレーニングワークシートの構成を一緒に考えてくださった大柴操さん、さまざまな協力をしてくれた鳥居ゼミの学生のみなさん、コメントをくださった櫻井宏美さん、相澤篤子さん、鳥居健太郎さん、ありがとうございました。

私を支えてくれるたくさんの人たちに感謝して
2009年8月　鳥居深雪

謝辞

　たくさんのみなさまに読んでいただけて、改訂版が出せることになりました。感謝の気持ちでいっぱいです。

　私がこの本を書けたのは、これまでの多くの子どもたち、ご家族との出会いがあったからです。未熟な私は、たくさんのご迷惑をかけました。失敗も含めた経験から多くのことを学ばせていただきました。この本がいくらかでもご迷惑をかけてきた方々への贖罪になれば幸いです。

　今は社会人になった息子は、仕事の合間に原稿に目を通して率直な指摘をしてくれました。お母さんは、いつも君に支えてもらっています。ありがとう。

　初版の際に中央法規の國保昌さんにはずいぶんお世話になりました。初版の土台があっての改訂版です。改訂版の出版には、平林敦史さんにお世話になりました。ありがとうございました。

　この本を送り出すために支えてくださった多くの方に、心から感謝します。

　COVID-19に苦しむ多くの方々が、この試練を乗り越えることを祈って、ペンを置きます。

2020年6月

著者略歴

鳥居深雪
とりい・みゆき

神戸大学大学院人間発達環境学研究科人間発達専攻教授。
同志社大学文学部社会学科社会福祉学専攻卒業。
教員や指導主事として、発達障害、不登校、非行など
多様な子どもの教育にかかわる。
現職経験の後、千葉大学教育学研究科修士課程、
千葉大学医学薬学府博士課程修了。教育学修士、医学博士。

鳥居研究室のWebでプログラムの紹介などを公表しています。
http://www2.kobe-u.ac.jp/˜snowbird/

改訂

脳からわかる発達障害
多様な脳・多様な発達・多様な学び

2020年7月20日　発行
2021年4月10日　初版第2刷発行

著　者　　鳥居深雪
発行者　　荘村明彦
発行所　　中央法規出版株式会社
　　　　　〒110-0016 東京都台東区台東3-29-1 中央法規ビル
　　　　　営業　　　　　Tel 03(3834)5817 Fax 03(3837)8037
　　　　　取次・書店担当　Tel 03(3834)5815 Fax 03(3837)8035
　　　　　https://www.chuohoki.co.jp/

イラスト　　嘉戸享二
デザイン　　高木達樹(しまうまデザイン)
印刷・製本　株式会社ルナテック

ISBN978-4-8058-8174-3

【本書へのご質問について】
本書の内容に関する質問については、下記URLから「お問い合わせフォーム」にご入力いただきますよう
お願いいたします。
https://www.chuohoki.co.jp/contact/

文字の色を上からできるだけ早く読み上げる			
みどり	くろ	あか	あお
くろ	みどり	あお	きいろ
あか	あお	きいろ	くろ
みどり	あか	あお	きいろ
あか	みどり	きいろ	くろ
あか	みどり	あお	きいろ
くろ	あお	あか	みどり

Stroop課題（27ページ参照）

まん/じゆうごさいに/みたない/じどうに/ここに/ついて/または/どうろ/そのた/これに/じゆんずる/ばしよで/かよう/ゆうげい/そのたの/えんぎを/ぎようむとして/させる/こうい。まん/じゆうごさいに/みたない/じどうに/しゆせきに/じする/こういを/ぎようむとして/させる/こうい。じどうに/いんこうを/させる/こうい

文字にフィルターをかけると読める子どももいる（60, 61ページ参照）